学ぶ人は、
変えて
ゆく人だ。

目の前にある問題はもちろん、

人生の問いや、社会の課題を自ら見つけ、

挑み続けるために、人は学ぶ。

「学び」で、少しずつ世界は変えてゆける。

いつでも、どこでも、誰でも、

学ぶことができる世の中へ。

旺文社

DAILY **2** 週間

英検®**4**級

集中ゼミ

[5訂版]

旺文社

は じ め に

英検の試験まで，あと何日ですか？
試験突破のためには，試験本番までの学習計画をしっかり立てることが大事です。

　本書は，2週間で英検4級の試験突破を目指す問題集です。1日に取り組む範囲がきっちり決まっているので，学習計画が立てやすくなっています。最終日の模擬テストをのぞき，1日に必要な時間は30分程度。毎日の生活の中で，無理なく英検対策ができます。

　みなさんが，この本を手に取った今日が「集中ゼミ」のスタートです。これから始まる2週間の学習のイメージができあがったら，早速，1日目の学習に取り組みましょう！

　最後に，本書を刊行するにあたり，多大なご尽力をいただきました埼玉県立狭山緑陽高等学校 非常勤講師 本多美佐保先生に深く感謝の意を表します。

旺 文 社

執　　　　筆：本多 美佐保
編 集 協 力：株式会社カルチャー・プロ，Sarah Matsumoto
装丁デザイン：内津 剛（及川真咲デザイン事務所）
本文デザイン：株式会社ME TIME（大貫としみ）
イ ラ ス ト：朝日メディアインターナショナル株式会社，瀬々倉 匠美子，
　　　　　　　峰村 友美
組　　　　版：朝日メディアインターナショナル株式会社
録　　　　音：ユニバ合同会社
ナレーション：Jack Merluzzi，Julia Yermakov，大武 芙由美

もくじ

本書の構成と利用法

本書は，英検4級に合格するために必要な力を14日間で身につけられるように構成されています。

＼赤セルシート付き／

暗記に使える赤セルシートが付いています。ポイントとなる重要事項を覚えたり，解説中の訳や解答を隠して学習する際にお使いください。

1日目 ～ 9日目 筆記編 ／ 10日目 ～ 13日目 リスニング編

1日の学習は，問題形式ごとに解き方のポイントを解説するページと，そこで学んだことを実践する練習問題のページで構成されています。

例題

実際の試験と同じ形式の問題を使ってポイントを解説します。

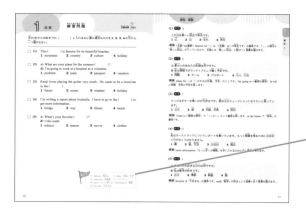

練習問題のページは，問題のすぐ後に解答・解説を掲載しています。間違えた問題のチェックボックス□にマークをして，きちんと復習しましょう。

ヒント

問題が難しいときは，赤セルシートで隠せる下のヒントを参考にしましょう。

最終日は総まとめの模擬テストで，本番の試験と同じ所要時間（筆記35分・リスニング約30分）です。時間を計って解いてみましょう。

\ 公式アプリ「学びの友」対応 /

カンタンに自動採点ができ，自分の学習履歴を残すことができます。詳しくは7ページをご覧ください

\ 下敷き「合格応援シート」付き /

さまざまな方法で活用できる下敷きが付いています。切り離してお使いください。

※本書に掲載されている英文の内容は，最新の情報でないものや架空のものを含む場合があります。ご了承ください。

付属サービスについて

リスニングの音声を聞く

●収録内容

付属音声に対応した箇所は，本書では のように示してあります。

10日目	リスニング第1部	例題・練習問題
11日目	リスニング第1部	Let's Try!・例題・練習問題
12日目	リスニング第2部	Let's Try!・例題・練習問題
13日目	リスニング第3部	例題・練習問題
14日目	実力完成模擬テスト	リスニング第1部〜第3部

公式アプリ「英語の友」（iOS/Android）で聞く

❶ 「英語の友」公式サイトより，アプリをインストール

> https://eigonotomo.com/　　🔍 英語の友　検索

▶ 右の2次元コードからもアクセスできます。

❷ アプリ内のライブラリより本書を選び，「追加」ボタンをタップ

▶ 本アプリの機能の一部は有料ですが，本書の音声は無料でお聞きいただけます。
▶ 詳しいご利用方法は「英語の友」公式サイト，あるいはアプリ内ヘルプをご参照ください。
▶ 本サービスは予告なく終了することがあります。

パソコンに音声データ（MP3）をダウンロードして聞く

❶ 次のURLにアクセス

https://eiken.obunsha.co.jp/4q/

❷ 本書を選択し，パスワードを入力してWeb特典サイトへ

パスワード：　**ksphbi** （全て半角アルファベット小文字）

❸ 「音声データダウンロード」からファイルをダウンロードし，展開してからオーディオプレーヤーで再生

音声ファイルはzip形式にまとめられた形でダウンロードされます。展開後，デジタルオーディオプレーヤーなどで再生してください。

▶ 音声の再生にはMP3を再生できる機器などが必要です。
▶ ご利用機器，音声再生ソフト等に関する技術的なご質問は，ハードメーカーまたはソフトメーカーにお願いいたします。
▶ 本サービスは予告なく終了することがあります。

「実力完成模擬テスト」をアプリで学習する

本書14日目の「実力完成模擬テスト」（126ページ）を，公式アプリ「学びの友」でカンタンに自動採点することができます。

- ■ 便利な自動採点機能で学習結果がすぐにわかる
- ■ 学習履歴から間違えた問題を抽出して解き直しができる
- ■ 学習記録カレンダーで自分のがんばりを可視化

❶ 「学びの友」公式サイトより，アプリをインストール

https://manatomo.obunsha.co.jp/ 　　　 学びの友 検索 　　

▶ 右の2次元コードからもアクセスできます。

❷ アプリを起動後，「旺文社まなびID」に会員登録
▶ 会員登録は無料です。

❸ アプリ内のライブラリより本書を選び，「追加」ボタンをタップ

▶ アプリの動作環境については「学びの友」公式サイトをご参照ください。なお，本アプリは無料でご利用いただけます。
▶ 詳しいご利用方法は「学びの友」公式サイト，あるいはアプリ内ヘルプをご参照ください。
▶ 本サービスは予告なく終了することがあります。

英検４級の問題を知ろう

２週間の学習を始める前に，英検４級の問題形式と特徴を把握しておきましょう。４級のレベルの目安は「中学中級程度」です。下の説明とあわせて，実力完成模擬テスト（126ページ〜）で実際の問題形式を見てみましょう。

▼ 筆 記 （35分）

問 題	形 式	問題数	目標解答時間
1	**適切な語句を選ぶ問題** 短文または会話文の空欄に最もよく当てはまる語句を４つの選択肢から選ぶ問題です。単語や熟語だけでなく，文法に関する問題も出題されます。	15問	10分

➡ 筆記１の問題を見てみよう 📖 126〜127ページ

問 題	形 式	問題数	目標解答時間
2	**適切な会話表現を選ぶ問題** 会話文の空欄に最もふさわしい語句や文を４つの選択肢から選ぶ問題です。質問に対する適切な返答を選ぶ問題，答えに対する適切な質問を選ぶ問題，会話の流れに合った表現を選ぶ問題などが出題されます。	5問	5分

➡ 筆記２の問題を見てみよう 📖 128ページ

問 題	形 式	問題数	目標解答時間
3	**語句を正しく並べかえる問題** 与えられた日本語の意味を表すように，５つの語句を並べかえて英文を完成させ，２番目と４番目にくるものの組み合わせを４つの選択肢から選ぶ問題です。肯定文，否定文，疑問文などの組み立てを中心とした問題が出題されます。	5問	5分

➡ 筆記３の問題を見てみよう 📖 129ページ

問 題	形 式	問題数	目標解答時間
4	**読解問題** ［A］は掲示文，［B］はＥメールまたは手紙文，［C］は説明文が出題されます。問題は，英文の内容に関する質問に対して，最もよく当てはまるものを４つの選択肢から選ぶものと，途中で切れている文の続きを４つの選択肢から選んで完成させるものが出題されます。	10問	15分

➡ 筆記４の問題を見てみよう 📖 130〜135ページ

リスニング（約30分）

問題	形式	問題数	放送回数
第1部	**会話に対する応答を選ぶ問題** イラストを見ながら会話を聞き，最後の発言に対する応答として最もふさわしいものを放送される3つの選択肢から選ぶ問題です。会話は友達同士，家族，店員と客などによるものが主に出題されます。	10問	2回

→ リスニング第1部の問題を見てみよう 📖 136～137ページ

問題	形式	問題数	放送回数
第2部	**会話の内容を聞き取る問題** 会話を聞き，内容に関する質問の答えを，問題冊子に印刷された4つの選択肢から選ぶ問題です。質問は会話の内容の一部を問うものが多いですが，会話全体の話題や登場人物が話をしている場所を問う問題が出題されることもあります。	10問	2回

→ リスニング第2部の問題を見てみよう 📖 138ページ

問題	形式	問題数	放送回数
第3部	**文の内容を聞き取る問題** 短い英文を聞き，その内容に関する質問の答えを，問題冊子に印刷された4つの選択肢から選ぶ問題です。登場人物に起きた出来事や予定に関する話題が多いですが，公共施設などのアナウンスが出題されることもあります。	10問	2回

→ リスニング第3部の問題を見てみよう 📖 139ページ

英検について

英検®は，公益財団法人 日本英語検定協会が実施する国内最大規模の英語検定試験です。

英検（従来型）申し込み方法

個人受験の申し込み方法は次の3種類から選ぶことができます。

インターネット申し込み	英検ウェブサイトから直接申し込む。検定料は，クレジットカード，コンビニ，郵便局ATMのいずれかで支払う。
コンビニ申し込み	コンビニの情報端末機で必要な情報を入力し，「申込券」が出力されたら検定料をレジで支払う。
特約書店申し込み	全国の英検特約書店で願書を入手し，書店で検定料を支払う。「書店払込証書」と「願書」を英検協会へ郵送。

▶各申し込み方法の詳細については，英検ウェブサイトをご確認ください。また，申し込み方法は変更になる場合があります。

▶個人受験とは異なり，学校や塾などで申し込みをする「団体受験」もあります。詳しくは学校の先生・担当の方にお尋ねください。

 お問い合わせ先

公益財団法人 日本英語検定協会

英検ウェブサイト　**www.eiken.or.jp**

英検サービスセンター　03-3266-8311　※平日9：30～17：00（土・日・祝日を除く）

※本書に掲載されている情報は2023年5月現在のものです。試験に関する情報は変更になる場合がありますので，受験の際は必ず英検ウェブサイトで最新の情報をご確認ください。

筆記編

筆記編にあたる前半9日間では，英検4級筆記試験の問題形式を1つずつ正確に把握しましょう。

1日ずつ確実に進め，自分が苦手なところはどこなのかを発見しましょう。

適切な語句を選ぶ問題①

名詞と代名詞を覚えよう

1日目では，名詞と代名詞を勉強します。どちらも，主語や目的語などとして，文の軸となる重要な言葉です。4級でよく出題される単語を中心に，しっかり学習しておきましょう。

ポイント1　名詞の種類を確認しよう

名詞はものや人を表す言葉です。英語の名詞は数えられるもの（book, girl, animal など）と数えられないもの（water, homework など）に分けられます。

┌─────────────────┐　　　　　　　　　┌─────────────────┐
│　数えられる名詞　│ ◀──────────▶ │　数えられない名詞　│
└─────────────────┘　　　　　　　　　└─────────────────┘

1つのときはa / an,
複数（2つ以上）のときは
-s / -esが付く。*

a / anや語尾に -s / -esは付かない。
量が多いか少ないかは
some, much, a lot of などを使って表す。

→ a book　books / an animal　animals　　　　→ some water　much water

* -es が付く形や例外的な変化をする言葉もあるので慣れておきましょう。

class → classes　city → cities　hobby → hobbies　knife → knives　child → children

例題 をみてみよう！

A: How many (　　　　　) are there on the wall?
B: There are three.

1 chairs　　**2** stores　　**3** farms　　**4** posters

訳　　*A:* 壁には何枚のポスターが貼ってありますか。
B: 3枚あります。

1 いす　　**2** 店　　**3** 農場　　**4** ポスター

解説　How many 〜? は「いくつの〜?」の意味で，数を知りたいときに使います。manyの後には必ず複数形の言葉が続きます。There is [are] 〜は「〜があります[います]」を表します。on the wall「壁に」あるのは何なのか考えましょう。

解答：**4**

ポイント2　よく出る名詞を覚えよう

名詞はグループに分けて覚えると効果的です。身の回りのものを英語で何と言うのか，普段から意識してみましょう。

建物・施設

building	建物	airport	空港
library	図書館	theater	劇場
supermarket	スーパー（マーケット）		
apartment	アパート，マンション		
museum	博物館，美術館		
station	駅		
hospital	病院		
company	会社		

学校

subject	教科	grade	成績，学年
elementary school	小学校		
gym	体育館	college	大学
class	授業，クラス		
uniform	制服		
eraser	消しゴム		
language	言語		
homework	宿題		

地図・地理

world	世界	country	国
map	地図	village	村
way	道，方法	place	場所
road	道路	weather	天候，天気
ocean	海，大洋		
hometown	故郷		
beach	海辺，浜		
bridge	橋		

趣味・娯楽

vacation	休み	holiday	休日，祝日
festival	祭り	movie	映画
trip	旅行	event	行事，できごと
hobby	趣味	culture	文化
game	試合，ゲーム		
concert	コンサート		
ticket	切符，チケット		

時・数・単位

minute	分	hour	1時間，時刻
weekend	週末	future	未来，将来
date	日付	season	季節
size	大きさ	thousand	1,000
(centi)meter	（センチ）メートル		
dollar	ドル		
half	半分，2分の1		

人々・日常

parent(s)	親（両親）	son	息子
daughter	娘	job	仕事
visitor	訪問者	artist	画家，芸術家
farmer	農場経営者		
volunteer	ボランティア		
member	一員，会員		
group	グループ，集団		

\Let's Try!/ 日本語の意味に合うように次の各文の（　　）に単語を入れ，文を完成させましょう。

① ジョーンズさんには3人の子どもがいます。息子が1人と娘が2人です。

Ms. Jones has three (　　　　); a (　　　　) and two (　　　　).

② 私の故郷には有名なお祭りがあります。毎年たくさんの訪問客がここにやって来ます。

My (　　　) has a famous (　　　　). A lot of (　　　　) come here every year.

③ 夏休み中，私は毎朝30分海辺をジョギングしました。

During the summer (　　　), I went jogging on the (　　　) for 30 (　　　) every morning.

解答：①children, son, daughters　②hometown, festival, visitors　③vacation, beach, minutes

---

ポイント3　代名詞を理解しよう

　英語では同じものについて話している間は，同じ名詞の繰り返しを避けて代名詞(he, his, himなど)に置きかえます。文の中での役割（主語「～は [が]」や目的語「～を [に]」など）に合わせて正しい形を選ばなくてはなりません。4級では，「～のもの」(mine, hers, hisなど)，「～自身」(myself, ourselvesなど)，「～なもの」(形容詞＋one)などもよく出題されます。

●代名詞の基本的な使い方

A: Do you know Ben ?

B: Yes. I know him very well. He is my teammate.

A: ベンを知ってる？

B: うん。(彼を) とてもよく知ってるよ。(彼は) チームメートだよ。

●所有者について話すときは「～の＋名詞」あるいは「～のもの」

A: Whose phone is this? I found it in the library.

B: It's not mine . (mine = my phone)

A: これはだれの電話？　図書館でそれを見つけたんだ。

B: それは私のじゃないわ。

●「～なもの」（形容詞＋one）の使い方

A: Which dictionary is yours? (yours = your dictionary)

B: The brown one is. (one = dictionary)

A: どちらの辞書があなたのなの？

B: 茶色のだよ。

\Let's Try!/ 次の表は代名詞をまとめたものです。「〜のもの」の欄にあてはまる形を書きましょう。

単数 (1人)	〜は [が]	〜の	〜を [に]	〜のもの	複数 (2人以上)	〜は [が]	〜の	〜を [に]	〜のもの
私	I	my	me	①	私たち	we	our	us	⑤
あなた	you	your	you	②	あなたたち	you	your	you	⑥
彼	he	his	him	③	彼ら／彼女ら／それら	they	their	them	⑦
彼女	she	her	her	④					
それ	it	its	it						

解答：①mine ②yours ③his ④hers ⑤ours ⑥yours ⑦theirs

上の表を見ると，「〜の」の形と「〜のもの」の形は似ていることがわかるね

また，代名詞の仲間には everything「すべてのもの」，something「何か」，anything「(疑問文・否定文で) 何か／何も」(肯定文では「何でも」)，nothing「何も〜ない」や everyone「みんな」，someone「だれか」，anyone「(疑問文・否定文で) だれか／だれも」(肯定文では「だれでも」)，no one「だれも〜ない」などの言葉も含まれます。

・◇ 例題 をみてみよう！ ・・・・・・・・・・・・・・・・・・・・・・・・・・・・・・・・・

> Mr. Miller is very nice. He often helps (　　　　) when we have a problem.
> **1** we　　**2** our　　**3** us　　**4** ours

訳　ミラー先生はとても優しいです。私たちが困っていると，よく助けてくれます。
　　1 私たちは　　**2** 私たちの　　**3** 私たちを　　**4** 私たちのもの

解説　選択肢はすべて「私たち」を表す代名詞です。(　　　　) には動詞helpの目的語になるものが入るので，「(私たちを) 助けてくれる」の形になるようにしましょう。

解答：**3**

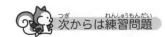

次からは練習問題

次の(1)から(10)までの（　　　　）に入れるのに最も適切なものを **1**, **2**, **3**, **4** の中から一つ選びなさい。

☐ **(1)** This (　　　　) is famous for its beautiful beaches.
　　　1 mountain　　　**2** country　　　**3** culture　　　**4** holiday

☐ **(2)** *A:* What are your plans for the summer (　　　　)?
　　　B: I'm going to work at a hospital as a volunteer.
　　　1 problem　　　**2** team　　　**3** passport　　　**4** vacation

☐ **(3)** Kenji loves playing the guitar very much.　He wants to be a musician in the (　　　　).
　　　1 future　　　**2** ocean　　　**3** weather　　　**4** holiday

☐ **(4)** I'm writing a report about Australia.　I have to go to the (　　　　) to get more information.
　　　1 bridge　　　**2** way　　　**3** library　　　**4** beach

☐ **(5)** *A:* What's your favorite (　　　　)?
　　　B: I like math.
　　　1 subject　　　**2** season　　　**3** movie　　　**4** clothes

ヒント
(1) famous：有名な　　(2) plan：計画，予定
(3) musician：音楽家，ミュージシャン
(4) more：もっと多くの，information：情報
(5) favorite：大好きな

(1) 解答 **2**

この国は美しい浜辺で有名です。
1 山　　**2** 国　　**3** 文化　　**4** 休日

解説 〈主語＋be 動詞＋ famous for 〜〉は「（主語）は〜で有名です」の意味です。「〜」の部分に「美しい浜辺」が入っているので，主語には「美しい浜辺」と結びつく言葉を選びます。

(2) 解答 **4**

A: 夏休みのあなたの計画は何ですか。
B: 私は病院でボランティアとして働く予定です。
1 問題　　**2** チーム　　**3** パスポート　　**4** 休み，休暇

解説 plans for 〜は「〜のための計画，予定」のことです。〈be going to ＋動詞の原形〉は will と同様，未来の予定を表します。

(3) 解答 **1**

ケンジはギターを弾くのが大好きです。彼は将来ミュージシャンになりたいと思っています。
1 将来　　**2** 海　　**3** 天候，天気　　**4** 休日

解説 〈want to ＋動詞の原形〉で「〜したい」という意味を表します。in the future で「将来」の意味です。

(4) 解答 **3**

私はオーストラリアについてレポートを書いています。もっと情報を得るために図書館に行かなくてはなりません。
1 橋　　**2** 道，方法　　**3** 図書館　　**4** 海辺

解説 more information「もっと多くの情報」を手に入れるために行く場所を考えます。

(5) 解答 **1**

A: あなたの大好きな教科は何ですか。
B: 私は数学が好きです。
1 教科　　**2** 季節　　**3** 映画　　**4** 服

解説 favorite は「大好きな」の意味です。math「数学」が好きという返事に合う言葉を選びます。

□ **(6)** *A:* What do your (　　　　) do?

B: My father is a nurse and my mother teaches at an elementary school.

1 children **2** parents **3** uncle **4** aunt

□ **(7)** *A:* How long do you sleep at night?

B: I usually sleep eight (　　　　).

1 events **2** roads **3** hours **4** subjects

□ **(8)** My uncle speaks two (　　　　), Chinese and English.

1 colleges **2** languages **3** jobs **4** hobbies

□ **(9)** *A:* It's Tim's birthday tomorrow.

B: Oh, really? Let's buy (　　　　) a nice present.

1 he **2** his **3** him **4** himself

□ **(10)** *A:* Is this your shirt or your sister's?

B: It's (　　　　).

1 she **2** her **3** hers **4** herself

ヒント

(6) elementary school：小学校　　(7) How long ～?：どのくらい長く～？

(8) speak：～を話す

(9) It's ～ tomorrow.：明日は～です（近い未来のことは現在形で言うこともできる）

(10) shirt：シャツ，your sister's：あなたのお姉［妹］さんのもの

(6) 解答 2

A: あなたのご両親は何をなさっていますか。
B: 父は看護師で母は小学校で教えています。
1 子どもたち　　**2** 両親　　**3** おじ　　**4** おば

解説 What do(es) 〜 do? は職業をたずねるときの表現です。父と母のことを答えているので，聞かれたのが両親のことだとわかります。

(7) 解答 3

A: あなたは夜どのくらい長く眠りますか。
B: たいてい8時間眠ります。
1 行事　　**2** 道路　　**3** 時間（＝60分）　　**4** 教科

解説 How long 〜? は動詞 sleep「眠る」と結びついて「どのくらい長く眠りますか」と時間の長さをたずねています。選択肢がすべて複数形になっていることに気をつけましょう。hour の h は発音されないことにも注意しましょう。

(8) 解答 2

私のおじは2つの言語，（つまり）中国語と英語を話します。
1 大学　　**2** 言語　　**3** 仕事　　**4** 趣味

解説 選択肢はすべて複数形になっています。Chinese「中国語」と English「英語」を合わせて「2つの言語」になります。

(9) 解答 3

A: 明日はティムの誕生日だよ。
B: あら，本当？　彼にすてきなプレゼントを買ってあげましょうよ。
1 彼は　　**2** 彼の，彼のもの　　**3** 彼に［を］　　**4** 彼自身

解説 動詞 buy「買う」の後には2つの目的語が続いているので，「（人）に」「（もの）を」の順に並べます。「彼に」の意味になる him が正解です。

(10) 解答 3

A: これはあなたのシャツですか，それともお姉［妹］さんの？
B: 彼女の（＝姉［妹］の）ものです。
1 彼女は　　**2** 彼女の，彼女を［に］　　**3** 彼女のもの　　**4** 彼女自身

解説 「彼女のシャツ」なら her shirt ですが，（　　）の後に shirt がないので hers「彼女のもの」を選びます。

適切な語句を選ぶ問題②

今日の目標

動詞を覚えよう

2日目では，動詞を勉強します。英語の動詞は基本的に主語の後に置かれるとても重要な言葉で，be動詞と一般動詞に分けられます。また，〜ing形，過去形などの変化にも注目しましょう。

ポイント 1　be動詞の確認をしよう

「〜である」「〜にいる［ある］」を表すbe動詞は，主語に合わせて現在形では am / is / are，過去形では was / were と変化します。命令文の中や助動詞の後，不定詞として to に続けるときは原形の be になります。否定文・疑問文の作り方なども確認しておきましょう。

主語	現在形	過去形	原形 （助動詞や to の後・命令文）
I	am	was	be
he / she / it	is	was	be
you / we / they	are	were	

●be動詞の基本的な使い方

現在　John is a doctor. /（否定文）John isn't a doctor.
　　　（疑問文）Is John a doctor?

過去　John was a doctor. /（否定文）John wasn't a doctor.
　　　（疑問文）Was John a doctor?

●原形beを使うとき

助動詞の後　John will be a doctor.
toの後　　　John wants to be a doctor.
命令文　　　Be a doctor. /（否定文）Don't be a doctor.

●進行形の作り方

現在進行形　John is sleeping.
過去進行形　John was sleeping.

〈動詞の〜ing形〉で進行形（〜している／していた）を作ることもできるよ

例題 をみてみよう！

> *A:* The meeting tomorrow will be very important. Don't (　　　　)
> late.
> *B:* All right.
>
> **1** be　　**2** is　　**3** are　　**4** am

訳　*A:* 明日の会合はとても大事です。遅れてはいけません。

　　B: わかりました。

解説　Don't で始めると「～してはいけない」という否定の命令文になります。late 「遅れた」は形容詞なので，その前にbe動詞が必要です。命令文では原形の be を選びます。

解答：**1**

ポイント2　動詞の変化に注意しよう

　文の内容に合わせて動詞は形を変えます。4級では，原形・現在形・過去形・～ing形 を使い分ける力が問われます。特に過去形は，規則動詞（-ed）と不規則動詞に分けてしっかり覚えておきましょう。

●規則動詞

原形	意味	現在形	過去形	～ing形
learn	（～を）学ぶ	learn / learns	learned	learning
watch	～をじっと見る	watch / watches	watched	watching
play	～をする, 遊ぶ, ～を演奏する	play / plays	played	playing
study	（～を）勉強する	study / studies	studied	studying
stop	～を止める, 止まる	stop / stops	stopped	stopping

> 3人称単数現在の-sはもちろんのこと，現在形・過去形・進行形それぞれの否 定文・疑問文の作り方，to不定詞や動名詞の使い方なども確認しておこう

●不規則動詞

原形	意味	現在形	過去形	～ing形
begin	～を始める, 始まる	begin / begins	began	beginning
buy	～を買う	buy / buys	bought	buying
catch	～をつかまえる	catch / catches	caught	catching
come	来る	come / comes	came	coming
do	～をする	do / does	did	doing
draw	(絵・図)を描く	draw / draws	drew	drawing
eat	(～を) 食べる	eat / eats	ate	eating
find	～を見つける	find / finds	found	finding
get	～を手に入れる	get / gets	got	getting
go	行く	go / goes	went	going
leave	(～を)出発する	leave / leaves	left	leaving
run	走る	run / runs	ran	running
speak	(～を) 話す	speak / speaks	spoke	speaking
write	～を書く	write / writes	wrote	writing

ポイント3 動詞と後に続く語句を確認しよう

よく出題される動詞です。後に続く語句と組み合わせて覚えましょう。

□ remember (her name)「(彼女の名前) を覚えている」
□ do / finish (my homework)「(私の宿題) をする／終える」
□ drop (a camera / some money)「(カメラ／お金) を落とす」
□ ask (a question)「(質問) をする」
□ show (a picture)「(写真) を見せる」
□ give (him a present)「(彼にプレゼント) をあげる」
□ use (a computer)「(コンピューター) を使う」
□ visit (her aunt)「(彼女のおば) を訪ねる」
□ take (a walk / a bath / an umbrella)
　「(散歩) をする／(風呂) に入る／(かさ) を持っていく」

次の動詞は後に続く前置詞に注意して覚えましょう。

□ wait for 〜「〜を待つ」
□ arrive at 〜「〜に到着する」
□ stay at 〜「〜に滞在する」
□ leave for（＋場所）「〜に向けて出発する」
□ work for（a companyなど）「〜に勤める，〜で働く」
□ travel to 〜「〜へ旅行する」
□ think of [about] 〜「〜について考える［思う］」
□ talk about 〜「〜について話す」

＼Let's Try!／ look は組み合わせや使い方によっていろいろな意味を表します。次の日本語の意味になるように，look の後の（　　）に適切な語を入れましょう。なお，必要ない場合は×を書きましょう。

① 「あなたは父親を見る」　　　　You look (　　　　) your father.
② 「あなたは父親を探す」　　　　You look (　　　　) your father.
③ 「あなたは父親に似ている」　　You look (　　　　) your father.
④ 「あなたはうれしそうに見える」　You look (　　　　) happy.

解答：①at　②for　③like　④×

次の表現は4級によく出る熟語です。まとまりとして覚えておきましょう。

□ get to 〜「〜に到着する」
□ get up「起きる，体を起こす」
□ wake up「目覚める」
□ pick up 〜「〜を拾い上げる，〜を（車などで）迎えに行く」
□ give up 〜「〜をあきらめる」
□ slow down「速度を落とす」
□ believe in 〜「〜を信用する」
□ look for 〜「〜を探す」
□ become friends (with 〜)「友だちを作る，（〜と）友だちになる」
□ have a 〜 time「〜な時間を過ごす」
□ catch a cold / have a cold「風邪をひく／風邪をひいている」

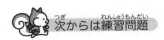
次からは練習問題

次の(**1**)から(**10**)までの（　　　　　）に入れるのに最も適切なものを**1**, **2**, **3**, **4**の中から一つ選びなさい。

☐ **(1)** *A:* Ms. White, can I (　　　　　) a question?

B: Sure. What is it, Ted?

    1 find   **2** ask   **3** know   **4** draw

☐ **(2)** *A:* How was your trip to Okinawa?

B: It was great. We (　　　　　) a good time there.

    1 watched   **2** showed   **3** had   **4** saw

☐ **(3)** I'm going to (　　　　　) at a hotel in New York for a week.

    1 give   **2** take   **3** drive   **4** stay

☐ **(4)** My daughter left home 10 minutes ago, so she'll (　　　　　) at school soon.

    1 wait   **2** arrive   **3** think   **4** remember

☐ **(5)** When my father came home, I (　　　　　) sleeping in bed.

    1 be   **2** is   **3** was   **4** were

(1) Can I ～？：～してもいいですか

(2) How was ～？：～はどうでしたか, trip to ～：～への<ruby>旅行<rt>りょこう</rt></ruby>

(3) I'm going to ～：～する<ruby>予定<rt>よてい</rt></ruby>だ　　(4) left は leave の<ruby>過去形<rt>かこけい</rt></ruby>

(5) ここでの When ～は「～する<ruby>とき<rt>あらわ</rt></ruby>」を<ruby>表<rt></rt></ruby>す<ruby>接続詞<rt>せつぞくし</rt></ruby>

(1) 解答 **2**

A: ホワイト先生，質問をしてもいいですか。

B: いいですよ。何ですか，テッド。

1 〜を見つける　**2** 〜をたずねる　**3** 〜を知っている　**4** （絵・図）を描く

解説 ask a question で「質問をする」の意味になります。Can I 〜? は「〜してもいいですか」と許可を求めるときの表現です。

(2) 解答 **3**

A: 沖縄への旅行はどうでしたか。

B: すばらしかったですよ。そこで楽しい時間を過ごしました。

1 〜をじっと見た　　　　　　　　　　　　　　　**2** 〜を見せた
3 持っていた，（had a good timeで）楽しい時間を過ごした　**4** 〜が見えた

解説 have a good timeで「楽しい時間を過ごす」の意味になります。過去のことなので had となります。How was 〜? は「〜はどうでしたか」と過去に起きたことの感想や状況をたずねる表現です。

(3) 解答 **4**

私はニューヨークのホテルに1週間滞在する予定です。

1 〜を与える　**2** 〜を取る，〜を持っていく　**3** 〜を運転する　**4** 滞在する

解説 〈be going to ＋動詞の原形〉は未来の予定を表し「〜する予定だ，〜することになっている」の意味になります。〈stay at ＋場所〉で「〜に滞在する」の意味になるので，**4** が正解です。

(4) 解答 **2**

私の娘は10分前に家を出たので，まもなく学校に到着するでしょう。

1 待つ　**2** 到着する　**3** 考える，思う　**4** 〜を覚えている

解説 〈arrive at ＋建物など場所を表す言葉〉で「〜に到着する」の意味になります。left は leave「〜を去る，出発する」の過去形です。she'll は she will の短縮形です。

(5) 解答 **3**

父が帰ってきたとき，私はベッドで眠っていました。

解説 選択肢はすべてbe動詞の変化した形です。接続詞 When「〜するとき」に続く文の動詞 came が過去形なので，be動詞の過去形で，主語 I に合う形を選びます。

☐ **(6)** Ben and I (   ) in the same class last year.
     1 am   **2** are   **3** was   **4** were

☐ **(7)** It's Helen's birthday tomorrow. She will (   ) 14 years old.
     1 is   **2** was   **3** be   **4** are

☐ **(8)** Ted stayed in Japan for three months last year. He (   ) friends with a lot of young people there.
     1 read   **2** ate   **3** put   **4** became

☐ **(9)** Julia didn't go to school yesterday because she (   ) a cold.
     1 came   **2** had   **3** wrote   **4** used

☐ **(10)** *A:* What's up? You (   ) very happy.
       B: My father bought me a new bike yesterday.
     1 learn   **2** speak   **3** look   **4** listen

ヒント
     (6) same：同じ   (7) will は未来を表す助動詞   (8) month：ひと月
     (9) because：（なぜなら）～なので，cold：風邪
     (10) What's up?：どうしたのですか

(6) 解答 **4**

昨年ベンと私は同じクラスでした。

解説 last year「昨年」について話すときは過去形の動詞が必要です。ベンと私の2人が主語であることに注意しましょう。

(7) 解答 **3**

明日はヘレンの誕生日です。彼女は14歳になります。

解説 未来を表す助動詞 will の後は動詞の原形がくるので，be が正解です。

(8) 解答 **4**

昨年テッドは日本に3カ月滞在しました。そこでたくさんの若い人たちと友だちになりました。

1 〜を読んだ		**2** 〜を食べた	
3 〜を置いた		**4** (became friends with 〜で) 〜と友だちになった	

解説 1〜4はそれぞれ read, eat, put, become の過去形です。become friends with 〜で「〜と友だちになる」の意味になります。a lot of 〜「たくさんの〜」も覚えておきましょう。

(9) 解答 **2**

ジュリアは風邪をひいていたので，昨日学校に行きませんでした。

1 来た		**2** (had a coldで) 風邪をひいていた	
3 〜を書いた		**4** 〜を使った	

解説 1〜4はそれぞれ come, have, write, use の過去形です。have a cold で「風邪をひいている」の意味です。

(10) 解答 **3**

A: どうしたの？ とてもうれしそうね。
B: 昨日お父さんが新しい自転車を買ってくれたんだ。

1 〜を学ぶ　　**2** 〜を話す　　**3** 〜のように見える　　**4** 聞く

解説 〈look＋形容詞〉の形で「〜のように見える」を表します。happy の他に sad「悲しい」，sleepy「眠い」，tired「疲れている」などの言葉がよく使われます。

適切な語句を選ぶ問題③

今日の目標

不定詞，動名詞，助動詞を理解しよう

２日目で学習した動詞をじょうずに使うと，いろいろな場面に合わせた表現ができるようになります。３日目ではよく出題される不定詞，動名詞，助動詞と，まとめて覚えたい慣用表現を見ていきましょう。

ポイント1　不定詞と動名詞を使い分けよう

不定詞と動名詞の意味や使い方の違いを確認しましょう。

●不定詞

〈to ＋動詞の原形〉のことを一般的に「不定詞」あるいは「to不定詞」と呼びます。不定詞には大きく分けて３つの働きがあります。

① 「～すること」を表し，主語，目的語などになる。

He started to take piano lessons.
「彼はピアノのレッスンを受け（ることを）始めました」

② 「～するために」や「～したので」を表し，文の最後に置かれる。

She went to Italy to study art.
「彼女は美術の勉強をするためにイタリアへ行きました」

③ 「～するための」の意味で名詞の後ろに付く。

I didn't have time to watch TV.
「私はテレビを見る（ための）時間がありませんでした」

●動名詞

〈動詞の～ing形〉が主語や目的語として使われると「～すること」の意味になり，動名詞と呼ばれます。動名詞は基本的に上記の不定詞①と同じように使うことができます。

He started taking piano lessons.「彼はピアノのレッスンを受け（ることを）始めました」

＊ただし，以下の動詞を「　　」内の意味で用いる場合，□□□の後に続けられるのは，to不定詞か動名詞のどちらか一方だけです。注意しましょう。

want「～したい」，hope「～することを望む」　→ 　□□□＋to不定詞

enjoy「～するのを楽しむ」，finish「～し終える」，stop「～するのをやめる」　→ 　□□□＋動名詞

例題 をみてみよう!

A: Nick, stop (　　　　) games now, and do your homework.

B: OK, Mom.

1 play　　**2** plays　　**3** played　　**4** playing

訳　*A:* ニック，もうゲームをするのをやめて，宿題をしなさい。

　　　B: わかったよ，お母さん。

解説　(　　　　) の前に stop という動詞があるので，play「～をする」を stop の目的語，つまり名詞の働きをする形に変える必要があります。「～するのをやめる」という意味で stop を使うときは，stop の後に続ける動詞を必ず動名詞（動詞の～ing 形）にしましょう。

　　　　　　　　　　　　　　　　　　　　　　　　　　　　　解答：4

ポイント 2　助動詞の意味に注意しよう

助動詞とは，動詞の前に置いて意味を付け加える言葉です。4 級でよく出題されるものに焦点を絞って学習していきましょう。

●助動詞の基本的な使い方

動詞の原形の前に置きます。否定文は〈助動詞＋not〉，疑問文は主語の前に出します。

▶未来を表す… will (= be going to)

I will go shopping tomorrow.

「明日買い物に行くつもりです」

(= I am going to go shopping tomorrow.)

> will は I'll (= I will) や won't (= will not) のように短縮形で使われることも多いから気をつけよう！

▶可能を表す… can (過去形は could)

▶義務を表す… must (= have [has] to) と should

You must stay here. 「あなたはここにいなくてはならない」

(= You have to stay here.)

You should stay here. 「あなたはここにいたほうがよい」

> must, have [has] to は否定文になると，mustn't (= must not) や don't [doesn't] have to の形になるので注意！

▶許可を求める… May I ～? (= Can I ～?)

May I use this pen? 「このペンを使ってもいいですか」

▶依頼する… Will you ～? (= Can you ～?)

Will you help me? 「私を手伝ってくれませんか」

▶相手を誘う… Shall we ～?

Shall we sing? 「(いっしょに) 歌いませんか」

John's friends are going to go skating tomorrow, but John ( ) go because he has other things to do.

1 won't　　**2** isn't　　**3** don't　　**4** aren't

訳 ジョンの友だちは明日スケートをしに行く予定ですが，ジョンは他にすることがあるので行きません。

解説 最初の文に are going to と tomorrow「明日」が使われていることから，未来の話だとわかります。英語では未来のことは will か be going to を使って表すのが基本です。won't は will の否定形 will not を短縮した形です。other things to do「するべき他のこと」の to 不定詞の使い方にも注意しましょう。

解答：**1**

ポイント3　慣用表現を覚えよう

日常的によく使われる表現はそのまままとめて覚えてしまいましょう。ここでは，4級で特によく出題されるものを中心に見ていきます。同じ表現が筆記1だけでなく，リスニングなどでも取り上げられることがよくあります。

動詞・不定詞・動名詞を含む慣用表現	
□ I have no idea.	まったくわかりません。
□ Come this way.	こちらへどうぞ。
□ Have a nice **weekend**.	よい週末を（お過ごしください）。
□ Wait a **minute**.	ちょっと待ってください。
□ I'm home.	今帰りました［ただいま］。
□ Don't be **late for the meeting**.	会議に遅れないでください。
□ I need to **buy some milk**.	牛乳を買う必要があります。
□ Do you want to **go to the movies**?	映画を見に行きませんか。
□ Thank you for **call**ing.	お電話いただきありがとうございます。

普段から使えそうな表現ばかりだね。覚えて使ってみよう！

助動詞を含む慣用表現

□ I'll call back **later**.	後で（電話を）かけ直します。
□ **May [Can] I help you?**	いらっしゃいませ［お手伝いしましょうか］。
□ **That will be $10.**	10ドルになります。
□ Can I **come with you?**	いっしょに行ってもいいですか。
□ Can I **carry the bag** for you?	かばんを運んであげましょうか。
□ Can you **get me the newspaper?**	新聞を取ってきてくれませんか。
□ Will you **take me to the station?**	駅まで連れていってくれませんか。

□ **I'd** (= I would) like **a hamburger**, please.　ハンバーガーを1つください。

\ Let's Try! /　日本語の意味に合うように次の各文の（　　）に単語を入れ，会話を完成させましょう。

①*A:* 料理を手伝ってもいい，お母さん？

　B: もちろんよ，ティム。塩を取ってくれる？

　A: (　　　　) (　　　　) help you with the cooking, Mom?

　B: Sure, Tim. (　　　　) (　　　　) pass me the salt?

②*A:* いらっしゃいませ。何をお探しですか。

　B: わかりません。祖母に誕生日プレゼントを買いたいのですが。

　A: そうですねえ…。何か暖かい服はいかがでしょう。

　A: (　　　　) I help you?　What are you looking for?

　B: I (　　　　) no idea.　I want (　　　　) (　　　　) a
　　birthday present for my grandmother.

　A: Well ....　How about something warm (　　　) (　　　)?

③*A:* 今度の週末は何をする予定？

　B: 家にいるつもりだよ。部屋を掃除しなくちゃいけないんだ。

　A: What (　　　　) you (　　　　) (　　　　) do next
　　weekend?

　B: I (　　　　) stay home.　I (　　　　) (　　　　) clean my
　　room.

解答：①Can / May, I, Can / Will, you　②May / Can, have, to, buy, to, wear
　　　③are, going, to, will, have, to

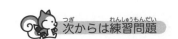
次からは練習問題

<ruby>次<rt>つぎ</rt></ruby>の**(1)**から**(10)**までの（　　　）に<ruby>入<rt>い</rt></ruby>れるのに<ruby>最<rt>もっと</rt></ruby>も<ruby>適切<rt>てきせつ</rt></ruby>なものを**1**, **2**, **3**, **4**の<ruby>中<rt>なか</rt></ruby>から<ruby>一<rt>ひと</rt></ruby>つ<ruby>選<rt>えら</rt></ruby>びなさい。

□ **(1)** I'll go to bed when I finish (　　　　) this novel.
     1 read   **2** reads   **3** to read   **4** reading

□ **(2)** (　　　　) you drive me to the station? My bag is very heavy today.
     1 May   **2** Can   **3** Shall   **4** Must

□ **(3)** *A:* Did you have a good time in Kyoto?
     B: Yes. I enjoyed (　　　　) many famous temples.
     1 visit   **2** visited   **3** visiting   **4** to visit

□ **(4)** Nice meeting you. I hope (　　　　) you again.
     1 see   **2** saw   **3** seeing   **4** to see

□ **(5)** *A:* What time did you (　　　　) home yesterday?
     B: Around six o'clock. I had a club meeting after school.
     1 take   **2** make   **3** get   **4** send

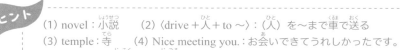

ヒント
(1) novel：<ruby>小説<rt>しょうせつ</rt></ruby>　(2) 〈drive＋<ruby>人<rt>ひと</rt></ruby>＋to ～〉：（<ruby>人<rt>ひと</rt></ruby>）を～まで<ruby>車<rt>くるま</rt></ruby>で<ruby>送<rt>おく</rt></ruby>る
(3) temple：<ruby>寺<rt>てら</rt></ruby>　(4) Nice meeting you.：お<ruby>会<rt>あ</rt></ruby>いできてうれしかったです。
(5) 〈around＋<ruby>時刻<rt>じこく</rt></ruby>〉：～<ruby>時頃<rt>じごろ</rt></ruby>

(1) 解答 **4**

この小説を読み終わったら寝るつもりです。

解説 finish「〜を終える」の後に動詞を続けるときは必ず動名詞（動詞の〜ing形）にします。I'll は I will の短縮形で「〜するつもりだ」という意志を表します。

(2) 解答 **2**

駅まで車で送ってくれませんか。今日，私のかばんはとても重たいんです。

1 （May I 〜? で）〜してもいいですか　　**2** （Can you 〜? で）〜してくれませんか

3 （Shall we 〜? で）〜しませんか　　　**4** 〜しなければならない

解説 「私を車で送る」のは相手なので，「あなたはできますか」→「してくれませんか」にあたる Can を選び，Can you 〜? とします。Will you 〜? と言いかえることもできます。

(3) 解答 **3**

A: 京都では楽しい時間を過ごしましたか。
B: はい。たくさんの有名なお寺を訪ねるのが楽しかったです。

解説 enjoy「〜を楽しむ」の後に動詞を続けて「〜するのを楽しむ」と言うときは，必ず〈enjoy+動名詞（動詞の〜ing形）〉にします。

(4) 解答 **4**

お会いできてうれしかったです。またお会いできるといいですね。

解説 hope のすぐ後に動詞を続けるときは to 不定詞と決まっています。Nice meeting you.「お会いできてうれしかったです」は初対面の相手と別れるときに言う決まり文句です。初対面の相手と出会ったときに言う Nice to meet you.「はじめまして」とは異なりますので，注意しましょう。

(5) 解答 **3**

A: 昨日は何時に家に着きましたか。
B: 6時頃です。放課後にクラブのミーティングがあったんです。
1 〜を取る　　**2** 〜を作る　　**3** （get home で）家に着く　　**4** 〜を送る

解説 home は「家に［で］」を表す副詞で，前置詞の at や to の意味を含みます。ここでは get home は get to your house と同じ意味になります。

☐ **(6)** *A:* (　　　　) I buy the book, Ms. Green?
B: No, you don't have to.　You can borrow one from the library.
1 Can　　　　　**2** May　　　　　**3** Must　　　　　**4** Will

☐ **(7)** I'm so hungry, but I have nothing (　　　　).
1 eating　　　　**2** to eat　　　　**3** ate　　　　　**4** eats

☐ **(8)** Thank you for (　　　) me to the party.
1 inviting　　　**2** to invite　　　**3** invited　　　**4** invites

☐ **(9)** I was really sad (　　　) about the accident on the news.
1 hear　　　　**2** hears　　　　**3** heard　　　　**4** to hear

☐ **(10)** *A:* Today's homework is too difficult.
B: Don't worry, Pat.　I'll (　　　) you.
1 help　　　　**2** helped　　　　**3** helping　　　　**4** to help

(6) borrow：〜を借りる　　(7) nothing：何も〜ない
(8) Thank you for 〜ing：〜してくれてありがとう
(9) accident：事故　　(10) Don't worry.：心配しないで。

(6) 解答 **3**

A: その本を買わなくてはいけませんか，グリーン先生。
B: いいえ，買う必要はありません。図書館から借りられますよ。

1 〜できる　　**2** 〜してもよい　　**3** 〜しなくてはならない　　**4** 〜するつもりだ

解説 don't have to「〜しなくてもよい」の反対の意味の「〜しなくてはならない」は，have to あるいは must で表すことができます。have to を使って，Do I have to buy the book, Ms. Green? と言うこともできます。

(7) 解答 **2**

私はとてもお腹がすいていますが，何も食べるものがありません。

解説 something / anything などに to 不定詞が付くと「何か〜するもの，〜するための何か」という意味を表します。ここでは nothing to eat なので「食べる（ための）ものが何もない」という意味になります。

(8) 解答 **1**

パーティーにご招待いただきありがとうございます。

解説 invite は「〜を招待する」の意味です。Thank you for 〜 の後には具体的に何に感謝しているのかを述べます。for は前置詞なので必ず名詞あるいは動名詞を続けます。ここでは「招いてくれたこと」にあたる inviting になります。

(9) 解答 **4**

ニュースでその事故のことを聞いて私は本当に悲しかったです。

解説 はじめに気持ちや感情を伝えてから，そう感じた理由を説明するときは，「〜したので」という意味の to 不定詞を付け加えます。I'm happy to meet you.「お会いできてうれしいです」などがよい例です。hear about 〜は「〜について聞く」の意味です。

(10) 解答 **1**

A: 今日の宿題は難しすぎます。
B: 心配しないで，パット。私が手伝ってあげますよ。

解説 I'll は I will が省略された形です。助動詞 will の後には動詞の原形を続けましょう。will は基本的に未来を表しますが，自分から進んで「〜しますよ」と言うときによく使われます。

適切な語句を選ぶ問題④

今日の目標

形容詞，副詞，前置詞を覚えよう

4日目では，形容詞，副詞，前置詞を学習します。形容詞は名詞に説明を加える言葉，副詞は動詞や形容詞などに説明を加える言葉です。前置詞は名詞の前に置き，時間や場所などを表します。

ポイント 1

形容詞と副詞を確認しよう

形容詞（big, new など）と副詞（always, well など）をじょうずに使うと，表現が豊かになり，詳しい説明もできるようになります。基本的に，形容詞は名詞の前か be 動詞の後，副詞は動詞の前（be 動詞の場合は後）か文の終わりに置きます。

例題 をみてみよう！

> *A:* Dad, will you drive me to the station?
> *B:* Sorry, but I can't.　I'm very (　　　　) now.
> **1** heavy　　**2** fast　　**3** free　　**4** busy

訳　*A:* お父さん，駅まで車で送ってくれる？
B: ごめん，無理だよ。今とても忙しいんだ。
1 重い　　**2** 速い　　**3** 自由な　　**4** 忙しい

解説　選択肢はすべて形容詞です。Will you 〜? は「〜してくれますか」と相手に頼むときの表現です。父親が I can't「できない」と言う理由を考えてふさわしい言葉を選びます。

解答：**4**

fast「速い／速く」のように形容詞と副詞のどちらでも使われ，意味が似ている言葉もあるよ。他にも，early「早い／早く」，late「遅い／遅く」，next「次の／次に」，high「高い／高く」などがあるよ

4級でよく取り上げられる単語を確認しておきましょう（*マークの単語についての説明はポイント2を参照）。

形容詞

□ busy	忙しい	□ favorite	お気に入りの，大好きな
□ heavy	重い	□ *famous	有名な
□ quiet	静かな	□ hungry	お腹がすいた，空腹な
□ clean	きれいな，清潔な	□ dark	暗い，（色が）濃い
□ *tired	疲れている	□ *interesting	興味深い，おもしろい
□ *popular	人気のある	□ *useful	役に立つ
□ *careful	注意深い	□ *difficult	難しい

副詞

□ soon	まもなく，すぐに	□ again	再び，また
□ often	よく，しばしば	□ usually	たいてい，ふつう
□ together	いっしょに	□ ~ ago	（今から）~前に

また，次の語は形容詞として用いられる場合と，副詞として用いられる場合とでは，意味が異なるので注意しましょう。

	形容詞	副詞
□ well	元気な，健康な	よく，じょうずに
□ hard	難しい，かたい	一生懸命に，熱心に

\Let's Try!/ 日本語の意味に合うように次の各文の（　　）に単語を入れ，文を完成させましょう。

①彼は有名な科学者です。自然についての彼の話はいつもとても興味深いです。

He is a (　　) scientist. His talks about nature are always very (　　).

②気をつけて。だいぶ暗くなってきたよ。速く歩きすぎないで。

Be (　　). It's getting very (　　). Don't walk too (　　).

③彼は毎日熱心にピアノの練習をするので，とてもじょうずに演奏をします。

He practices the piano (　　) every day, so he plays it very (　　).

解答：①famous, interesting　②careful, dark, fast　③hard, well

形容詞や副詞の形を変化させることで, 人やものを比較することができます。2つのものを比較するときは -er（比較級）, 3つ以上は -est（最上級）を付けます。

Tom is young.
「トムは若いです」

Tom is younger than Mike.
「トムはマイクより若いです」

Tom is the youngest in his family.
「トムは家族でいちばん若いです」

Tom　Mike　parents

単語によっては, 後ろに -er, -est を付けるかわりに, 前に more, most を付けるものもあります。

This car is expensive.
「この車は高価です」

This car is more expensive than that one.
「この車はあの車より高価です」

This car is the most expensive of the five.
「この車は5台の中でいちばん高価です」

> 長い単語や -ful, -ous, -ed, -ing で終わる単語には, more, most を付けるんだよ。ポイント1 形容詞のリストにある*マークのついた単語がその例だよ。覚えておこうね！

・good「よい, じょうずな」と well「よく, じょうずに」の比較級は better, 最上級は best です。
(good →) This camera is better than that one.「このカメラはあのカメラよりいいです」
(well →) Ken cooks the best in his family.「ケンは家族の中でいちばんじょうずに料理します」

例題 をみてみよう！

World history is difficult, but it's (　　　　) interesting to me than Japanese history.
1 much　　**2** more　　**3** better　　**4** such

訳　世界史は難しいですが, 私には日本史より興味深いです。
1 たくさん　　**2** もっと　　**3** よりよい, よりよく　　**4** そんな, こんな

解説　world history「世界史」と Japanese history「日本史」について述べています。than があるので比較の文であるとわかります。interesting の比較級は前に more を置きます。

解答：2

前置詞の使い方を覚えよう

原則として，前置詞は名詞の前に置きます。次のリストと例で使い方を確認しましょう。

時を表す前置詞

□ at＋時刻	〜に	□ on＋曜日・日付	〜に
□ in＋月・季節・年など	〜に	□ for＋期間	〜の間

（例）She gets up <u>at</u> 8 o'clock <u>on</u> Sundays.
「彼女は毎週日曜日は8時に起きます」

場所を表す前置詞

□ at 〜	〜で	□ in 〜	〜の中に［で］
□ to 〜	〜へ［に］	□ on 〜	〜の上に
□ by 〜	〜のそばに	□ under 〜	〜の下に
□ near 〜	〜の近くに［で］	□ around 〜	〜のまわりを［に］

（例）I'll see her <u>at</u> a café <u>near</u> the station.
「私は彼女と駅の近くのカフェで会うつもりです」

組み合わせて覚えたいもの

□ be good at 〜	〜が得意だ	□ between 〜 and ...	〜と…の間に
□ from 〜 to ...	〜から…へ［まで］	□ be late for 〜	〜に遅れる
□ for example	例えば	□ for the first time	はじめて
□ at once	すぐに	□ all over the world	世界中に［で］

（例）He <u>is good at</u> sports. <u>For example</u>, tennis and skiing.
「彼はスポーツが得意です。例えば，テニスやスキー（が得意）です」

その他

□ with＋人	〜といっしょに	□ with＋物	〜を持って［使って］
□ on TV	テレビで	□ by＋乗り物	〜で，〜を使って
□ in＋言語	〜語で	□ during＋期間	〜の間に［で］

（例）Eating <u>with</u> chopsticks is not so difficult.
「はしで食べるのはそれほど難しくありません」

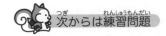
次からは練習問題

<ruby>練<rt></rt></ruby> <ruby>習<rt></rt></ruby> <ruby>問<rt></rt></ruby> <ruby>題<rt></rt></ruby>
練習問題

次の(1)から(10)までの（　　　　）に入れるのに最も適切なものを**1**, **2**, **3**, **4**の中から一つ選びなさい。

☐ **(1)**　*A:* I want to read an English book, but this is too (　　　　).
　　　　B: Try this one. It looks easy.
　　　　1 difficult　　　**2** famous　　　**3** popular　　　**4** sleepy

☐ **(2)**　I was very (　　　　) yesterday, so I couldn't finish writing my report.
　　　　1 rich　　　　**2** quiet　　　　**3** careful　　　　**4** tired

☐ **(3)**　My father usually gets up early, but he got up (　　　　) this morning.
　　　　1 next　　　　**2** fast　　　　**3** late　　　　**4** soon

☐ **(4)**　*A:* These shoes are too small for me. Do you have (　　　　) ones?
　　　　B: Sure. How about these?
　　　　1 busier　　　**2** larger　　　**3** shorter　　　**4** cleaner

☐ **(5)**　*A:* Who is your favorite painter?
　　　　B: Da Vinci. He is one of the (　　　　) famous painters in the world.
　　　　1 very　　　　**2** much　　　　**3** more　　　　**4** most

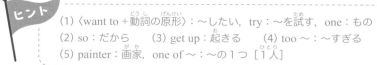

ヒント
(1) 〈want to ＋動詞の原形〉：〜したい，try：〜を試す，one：もの
(2) so：だから　　(3) get up：起きる　　(4) too 〜：〜すぎる
(5) painter：画家，one of 〜：〜の1つ［1人］

(1) 解答 **1**

A: 英語の本を読みたいのですが，これは難しすぎます。

B: これを試してみてください。簡単そうですよ。

1 難しい　　**2** 有名な　　**3** 人気のある　　**4** 眠い

解説 〈too ＋形容詞／副詞〉で「～すぎる」の意味になります。one は前に出た名詞を繰り返すかわりに使われる言葉で，ここでは book のことです。*A*の発言に対して*B*は easy「簡単な」本をすすめていることから，その反対の言葉を選びます。

(2) 解答 **4**

昨日私はとても疲れていたのでレポートを書き終えることができませんでした。

1 金持ちの　　**2** 静かな　　**3** 注意深い　　**4** 疲れている

解説 so「だから」の後には結果が述べられます。could は can の過去形で，finish writing my report は「レポートを書き終える」の意味です。レポートが仕上がらなかった理由としてふさわしい形容詞を選びましょう。

(3) 解答 **3**

私の父はたいてい早く起きますが，今朝は遅く起きました。

1 次に　　**2** 速く　　**3** 遅く　　**4** まもなく

解説 but でつながれているので，コンマの前と後では反対のことが述べられていることがわかります。コンマの前では「たいてい早く起きる」と言っているので，「遅く起きた」という意味になる late を選びましょう。

(4) 解答 **2**

A: このくつは私には小さすぎます。もっと大きいのはありますか。

B: もちろんです。これはいかがでしょう。

1 もっと忙しい　　**2** もっと大きい　　**3** もっと短い　　**4** もっときれいな

解説 くつは左右で1組なので，these shoes のように複数形で表します。Do you have ～? は「このお店には～はありますか」と聞くときの表現です。**1**～**4**はすべて比較級の -(e)r が付いた形です。特に**1**の busy が busier という形に変化することに気をつけましょう。

(5) 解答 **4**

A: あなたの大好きな画家はだれですか。

B: ダ・ヴィンチです。彼は世界で最も有名な画家の1人です。

1 とても　　**2** 大いに　　**3** もっと　　**4** 最も

解説 英語では一般的に「最高のものは1つとは限らない」と考えます。そこで，〈one of the ＋最上級＋名詞の複数形〉で「最も～な（名詞）の1つ[1人]」の形で表すことがよくあります。セットで覚えておきましょう。

☐ **(6)** I visited my aunt in Australia last month. I had a great time there. I want to go (　　　　) next year.

    1 away   **2** ago   **3** out   **4** again

☐ **(7)** Nancy is (　　　　) at playing tennis. She is the best tennis player in our club.

    1 nice   **2** high   **3** good   **4** well

☐ **(8)** There is a large museum near my house. It is open (　　　　) 10 to 4 every day.

    1 from   **2** of   **3** after   **4** to

☐ **(9)** *A:* What's your favorite season?

    B: I like summer the (　　　　) of all. I go camping in the mountains with my family.

    1 much   **2** better   **3** more   **4** best

☐ **(10)** This musician's songs are very popular all (　　　　) the world.

    1 at   **2** on   **3** over   **4** with

ヒント
(6) have a great time：とても楽しい時間を過ごす　　(7) best：最もじょうずな
(8) museum：博物館，美術館　　(9) go camping：キャンプに行く
(10) musician：ミュージシャン，音楽家

(6) 解答 **4**

先月，私はオーストラリアの［に住んでいる］おばを訪ねました。そこでとても楽しい時間を過ごしました。来年**また**行きたいと思います。

1 遠くに，離れて　　**2** ～前に　　**3** 外に　　**4** 再び，また

解説 「すでに１度行った場所に行きたい」と言っているので，「再び，もう１度」を表す again を選びます。once again と言うこともあります。

(7) 解答 **3**

ナンシーはテニスをするのが得意です。彼女は私たちのクラブで最もじょうずなテニス選手［いちばんテニスがじょうず］です。

1 すてきな，よい　　**2** 高い　　**3** よい，じょうずな　　**4** じょうずに

解説 be good at ～ は「～がじょうずである，得意である」という熟語です。ほぼ同じ意味で Nancy plays tennis well.「ナンシーはじょうずにテニスをする」と言うこともできます。

(8) 解答 **1**

私の家の近くに大きな博物館［美術館］があります。毎日10時**から**４時まで開いています。

1 ～から　　**2** ～の　　**3** ～の後で　　**4** ～へ

解説 open「開いている」という単語から，（　　　）10 to 4 は開いている時間を表していることがわかります。from ～ to ...「～から…まで」はひとまとまりで覚えておきましょう。時間帯や期間だけでなく，場所について「～から…まで」と表す場合にも使います。

(9) 解答 **4**

A: あなたの大好きな季節は何ですか。
B: 私は夏がすべての中で**いちばん**好きです。家族で山にキャンプに行くんです。

1 大いに　　**2** よりよく　　**3** もっと　　**4** いちばん

解説 「～がとても好き」は like ～ very <u>much</u> と言いますが，どれが好きか比較するときは like ～ better than ...「…より～が好き」，いちばん好きなものについて言うときは like ～ the best (of [in] ...)「(…の中で) ～がいちばん好き」を使います。

(10) 解答 **3**

このミュージシャンの曲は，世界中でとても人気があります。

1 ～で，～に　　　　　　　　　**2** ～の上に
3 (all over the world で) 世界中で　　**4** ～といっしょに

解説 all over the world は「世界中で」という熟語です。around the world もほぼ同じ意味で使われます。

適切な会話表現を選ぶ問題

今日の目標　会話の応答をマスターしよう

5日目では，会話問題について学習します。質問とその答え方を学ぶだけでなく，場面に合わせて自然な表現を選ぶ力をつけましょう。よく出題される会話表現もまとめて覚えましょう。

ポイント1　疑問文の答え方を確認しよう

疑問文は最初の言葉が大切です。それによって返答の仕方がほぼ決まるからです。

●基本となる疑問文の答え方

英語の疑問文は，主語の前にbe動詞を出すか，do / does / did や助動詞を置きます。また，文の最後を上げるように読むのが特徴です。このタイプの疑問文には Yes / No で答えるのが基本ですが，それ以外の答え方もあります。

例①

? *A:* Are you interested in Japanese culture?「日本文化に興味がありますか」
→ *B:* Yes, I am. / Yes, very much. / Of course.「はい／はい，とても／もちろん」
→ *B:* No, I'm not. / No, not much.「いいえ，ありません／いいえ，それほど」

例②

A: Hello. May I speak to Tom?「もしもし。トムと話したいのですが」
→ *B:* Just a minute. I'll get him.「少々お待ちください。彼を呼んできます」
→ *B:* Sorry, he's not home now.「すみません，彼は今，家にいません」
→ *B:* Who's calling, please?「どちらさまですか」

例③

? *A:* Does your brother speak Chinese?「あなたのお兄さんは中国語を話しますか」
→ *B:* I'm not sure.「よくわかりません」（確信がない）
→ *B:* Not really.「それほどではありません」（話すというほどではない）
→ *B:* (Just) A little.「少し（だけ）」

例④

A: Can I use your pen?「あなたのペンを使ってもいいですか」

└─→ *B:* Go ahead.「どうぞ（ご自由に）」

└─→ *B:* Here you are.「（手渡しながら）はい，どうぞ」

└─→ *B:* I need it now. Sorry.「今，私が必要なんです。ごめんなさい」

●疑問詞（Wh- で始まる言葉や How）で始まっている疑問文に対する答え方

What「何を［が］」→ 〈もの／こと〉　　　Who「だれが［を］」→ 〈人〉

Where「どこで［へ］」→ 〈場所〉　　　When「いつ」→ 〈時〉

Which「どちら（の），どの」→ 〈あてはまるほう（this / that や〜 one など）〉

Whose「だれの」→ 〈所有している人〉　　Why「なぜ」→ 〈理由〉

How <u>do</u> [<u>does</u> / <u>did</u>]「どうやって」→ 〈方法〉

How ＋形容詞／副詞「どのくらい〜」→ 〈形容詞／副詞の内容に合わせる〉

（例えば long は長さ，many は数，much は値段など）

How about 〜「〜はどうですか」→ 〈〜についての意見〉

ポイント2　**会話の流れをつかもう**

　筆記2では質問に対する適切な返答を選ぶ問題，答えに対する適切な質問を選ぶ問題，会話の流れに合った表現を選ぶ問題が出題されます。場面を想像しながら読みましょう。

例題 をみてみよう！ ‥‥‥‥‥‥‥‥‥‥‥‥‥‥‥‥‥‥‥‥‥‥‥‥‥‥‥‥

Mother: Brian, (　　　　) tomorrow.

Son: Why not? I want to go to the park with my friends.

Mother: Grandma is coming.

1 please don't go out　　　**2** please stay home

3 please clean your room　　**4** please help me

訳　　*母親：*ブライアン，明日は出かけないでちょうだい。

　　　*息子：*どうしてだめなの？　友だちと公園に行きたいんだ。

　　　*母親：*おばあちゃんが来るのよ。

　　　1 出かけないでください　　　**2** 家にいてください

　　　3 自分の部屋を掃除してください　**4** 私を手伝ってください

解説　母親から明日について何か言われた息子は，ただ Why?「なぜ？」と聞かずに Why not?「どうして［だめ］なのか？」と質問しています。このことから，母親の言った文が否定文であることがわかります。選択肢の中から，not を含む文を選びましょう。　　　　　　　　　　　　　　　　　　　**解答：1**

45

また，会話では代名詞 it に特に注意が必要です。it は「それは／それを」という意味だけでなく，前の文全体を指す，天気や時刻を表す，文の主語に使われるなど，さまざまな働きをします。it が何を指しているのか考えながら読みましょう。

\ Let's Try! / it が何を指しているのか考えながら，下線が引かれた文の意味を日本語で言ってみましょう。

A: Is it raining? 「_____①_____」

B: Yes, it just started. You should take an umbrella.
「ええ，_____②_____。
かさを持っていったほうがいいわよ」

A: You look happy. What's up?
「うれしそうだね。どうしたの？」

B: I'm going skating from now. It's my first time.
「今からスケートに行くの。_____③_____」

A: Dad, there's a phone call for you. 「お父さん，電話よ」

B: Who is it? 「_____④_____」

A: It's Grandma. 「_____⑤_____」

解答：①雨は降ってる？（天気を表す it）　②今，降り始めたところよ（天気を表す it）

③スケートに行くのははじめてなのよ（it は「スケートに行くこと」を指す）

④だれ？（it は「電話をかけてきている人」を指す）

⑤おばあちゃんよ（it は「電話をかけてきている人」を指す）

ポイント3　**場面別の会話表現を覚えよう**

それぞれの場面に合った適切な質問と応答を覚えましょう。

場面	よく使われる表現	応答例
誘う	Let's ～. / Shall we ～? 「～しましょう／～しませんか」	OK. / All right. 「いいですよ」 Sounds good. / That'll be fun. 「楽しそうですね」 Sorry, I don't want to. 「ごめんなさい，やりたくありません」
頼む	Will you ～? / Can you ～? 「～してくれませんか」	Sure. / OK. / All right. 「わかりました」 Sorry. I'm busy now. / I don't have time. 「ごめんなさい。今忙しいんです／時間がありません」

謝る	I'm sorry.「すみません」	That's all right. / That's OK.「いいですよ／だいじょうぶです」
お礼を言う	Thank you. / Thanks.「ありがとう」	You're welcome. / No problem.「どういたしまして」
すすめる	Would you like ～?「～はいかがですか」	Yes, please.「はい，お願いします」No, thank you.「いいえ，けっこうです」
許可を求める	May I ～? / Can I ～?「～してもいいですか」	Sure. / Of course.「もちろん」Sorry, you can't.「すみませんが，できません」

\Let's Try!/ 下の選択肢の中から，（　　）に最も適切な表現を選び，会話を完成させなさい。また，選んだ表現の日本語訳を下線部に記入しましょう。

選択肢　ア How about you?　　イ Please come again.　　ウ It's mine.

① **Man:** Thank you for the dinner, Mrs. Smith.

It was really delicious.

「夕食をありがとうございました，スミスさん。

本当においしかったです」

Woman: You're welcome. (　　　　　)

「どういたしまして。＿＿＿＿＿＿＿＿＿＿」

② **Teacher:** I found this jacket in the cafeteria.

Whose is it?

「カフェテリアでこの上着を見つけました。

だれのですか」

Student: (　　　　　) Thanks, Ms. Green.

「＿＿＿＿＿＿＿＿＿。ありがとう，グリーン先生」

③ **Woman:** I'll have some ice cream. (　　　　　)

「私はアイスクリームをいただくわ。

＿＿＿＿＿＿＿＿＿＿」

Man: I want a cup of coffee.

「ぼくはコーヒーが1杯ほしいな」

解答：①イーまた来てください　②ウーそれはぼくのです　③アーあなたはどうですか

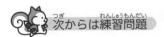
次からは練習問題

47

5 日目

<ruby>練習問題<rt>れんしゅうもんだい</rt></ruby>

次の(1)から(10)までの<ruby>会話<rt>かいわ</rt></ruby>について，（　　　　　）に<ruby>入<rt>い</rt></ruby>れるのに<ruby>最<rt>もっと</rt></ruby>も<ruby>適切<rt>てきせつ</rt></ruby>なものを**1**, **2**, **3**, **4**の<ruby>中<rt>なか</rt></ruby>から<ruby>一<rt>ひと</rt></ruby>つ<ruby>選<rt>えら</rt></ruby>びなさい。

☐ **(1)** ***Boy 1:*** Do you know Carol?

Boy 2: Yes, (　　　　　). We were in the same class last year.

1 please **2** that's great

3 very well **4** I don't remember

☐ **(2)** ***Man:*** Are you good at playing tennis?

Woman: (　　　　　) I just started playing it last year.

1 It's getting dark. **2** I'm glad to meet you.

3 I think so, too. **4** Not really.

☐ **(3)** ***Girl:*** (　　　　　)

Boy: It was really exciting. You should see it, too.

1 How was the movie? **2** How about you?

3 What did you do last weekend? **4** Did you enjoy the dinner?

☐ **(4)** ***Man:*** Sorry, I'm late. Did you wait for a long time?

Woman: (　　　　　) I came just 10 minutes ago.

1 That's all right. **2** Go ahead.

3 I'm coming. **4** The bus is over there.

☐ **(5)** ***Wife:*** Will you pass me the salt, please?

Husband: Sure. (　　　　　)

1 Just a little. **2** I'm tired.

3 See you there. **4** Here you are.

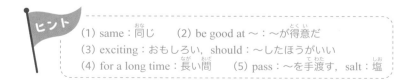

ヒント

(1) same：<ruby>同<rt>おな</rt></ruby>じ　　(2) be good at 〜：〜が<ruby>得意<rt>とくい</rt></ruby>だ

(3) exciting：おもしろい，should：〜したほうがいい

(4) for a long time：<ruby>長<rt>なが</rt></ruby>い<ruby>間<rt>あいだ</rt></ruby>　　(5) pass：〜を<ruby>手渡<rt>てわた</rt></ruby>す，salt：<ruby>塩<rt>しお</rt></ruby>

(1) 解答 **3**

> **男の子1：**キャロルのこと知ってる？
> **男の子2：**うん，とてもよく（知ってるよ）。ぼくたちは昨年同じクラスだったんだ。
>
> **1** お願いします **2** すばらしいね **3** とてもよくね **4** 覚えてないな

解説 Do you ～? で始まる疑問文には Yes, I do. か No, I don't. と応答するのが基本ですが，実際の会話では，Yes / No を述べた後，さらに新たな情報を加えることがよくあります。ここでは，Yes, (I do. I know her) very well. と付け足しています。

(2) 解答 **4**

> **男性：**君はテニスをするのが得意ですか。
> **女性：**それほどでもありません。昨年やり始めたばかりです。
>
> **1** 暗くなってきました。 **2** お会いできてうれしいです。
> **3** 私もそう思います。 **4** それほどでもありません。

解説 be good at ～は「～が得意だ」を表します。ここでは質問に対して，「得意というほどではない」とあいまいな答え方をしています。会話では Not ～.「～ではない」と短く答えることがあります。

(3) 解答 **1**

> **女の子：**映画はどうだった？
> **男の子：**本当におもしろかったよ。君も見たほうがいいよ。
>
> **1** 映画はどうだった？ **2** あなたはどう？
> **3** 先週末は何をしたの？ **4** 夕食を楽しんだ？

解説 exciting「おもしろい，わくわくする」と言った後に，「君も見たほうがいい」と続けていることから it が何かを予想します。How was ～? は「～はどうでしたか」を表します。

(4) 解答 **1**

> **男性：**遅くなってごめん。長い間待った？
> **女性：**だいじょうぶよ。私もたった10分前に来たの。
>
> **1** だいじょうぶよ。 **2** どうぞ。 **3** 今行くわ。 **4** バスはあそこよ。

解説 for a long time「長い間」待ったかどうかの返事は「たった10分前に来た」の文にあたります。（　）は Sorry に対する応答であることに注意します。

(5) 解答 **4**

> **妻：**塩を取ってくれない？
> **夫：**いいよ。はい，どうぞ。
>
> **1** 少しだけ。 **2** ぼくは疲れているんだ。 **3** そこで会おう。 **4** はい，どうぞ。

解説 Will you ～?「～してくれませんか」と頼まれたときは，Sure. や OK. などと答えます。Here you are. は何かを手渡したり差し出したりするときの決まり文句です。

□ **(6)** *Brother:* Do you want to go to the movies this Saturday?

    Sister: Sure, (   )

    1 that'll be fun.   **2** I'm sorry to hear that.

    3 I'm busy.   **4** never mind.

□ **(7)** *Salesclerk:* May I help you?

    Young woman: Yes. I'm looking for a new jacket.

    Salesclerk: All right. (   ) It's pretty and light.

    1 Please come again.   **2** Thank you for calling.

    3 How about this blue one?   **4** That's too bad.

□ **(8)** *Man:* Which bus goes to the airport?

    Woman: (   )

    1 It's 800 yen.   **2** The white one does.

    3 For 15 minutes.   **4** At three o'clock.

□ **(9)** *Waiter:* Would you like something to drink?

    Woman: (   ) I'm fine.

    1 No, thank you.   **2** It's yours.

    3 It's over there.   **4** You're right.

□ **(10)** *Boy:* You look tired. (   )

    Girl: Well, I think I have a cold.

    Boy: Really? Take care.

    1 Shall we go skating?   **2** Whose racket is this?

    3 How is the weather?   **4** Are you okay?

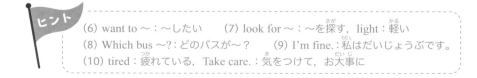

ヒント

(6) want to ～：～したい   (7) look for ～：～を探す，light：軽い

(8) Which bus ～?：どのバスが～？   (9) I'm fine.：私はだいじょうぶです。

(10) tired：疲れている，Take care.：気をつけて，お大事に

(6) 解答 **1**

兄［弟］：今度の土曜日に映画に行かない？

妹［姉］：うん，それは楽しそうね。

1 それは楽しそうね。　　**2** それを聞いて残念だわ。
3 私は忙しいの。　　**4** 気にしないで。

解説 Do you want to ～? は「～しない？」と相手を誘うときにも使います。

(7) 解答 **3**

店員：いらっしゃいませ（お手伝いいたしましょうか）。

若い女性：ええ。新しいジャケットを探しているんですが。

店員：わかりました。この青いものはいかがでしょう。きれいですし，軽いですよ。

1 またお越しください。　　**2** お電話ありがとうございます。
3 この青いものはいかがですか。　　**4** それはいけませんね。

解説 店員の May I help you? は日本語の「いらっしゃいませ」にあたる表現です。How about ～? 「～はどうですか」は何かをすすめるときによく使われる表現です。

(8) 解答 **2**

男性：どのバスが空港に行きますか。

女性：白いのが行きます。

1 800円です。　　**2** 白いのが行きます。　　**3** 15分間。　　**4** 3時に。

解説 Which「どの」と聞かれたら，this / that や the white one「白いの」などと答えます。

(9) 解答 **1**

ウエイター：何か飲むものはいかがですか。

女性：いいえ，けっこうです。私はだいじょうぶです。

1 いいえ，けっこうです。　　**2** それはあなたのものです。
3 それは向こうにあります。　　**4** あなたの言う通りです。

解説 Would you like ～?「～はいかがですか」は相手に何かをすすめる表現です。something to drink は「何か飲むもの」を表し，I'm fine. は「今のままでだいじょうぶ」という意味になります。

(10) 解答 **4**

男の子：疲れているようだね。だいじょうぶ？

女の子：うーん，風邪をひいたんだと思うの。

男の子：本当？　お大事にね。

1 スケートに行かない？　**2** これはだれのラケット？　**3** 天気はどう？　**4** だいじょうぶ？

解説 〈look＋形容詞〉は「～のように見える」，have a cold は「風邪をひいている」の意味です。

語句を正しく並べかえる問題

今日の目標

英語の語順に慣れよう

6日目では，語句の並べかえ問題を学習します。英語では単語の順序で文の内容が決まります。例えば，語順が変わると疑問文になるなど，異なる意味の英文になります。語順を意識して文を作りましょう。

ポイント 1
否定文・疑問文の作り方を確認しよう

日本語では文の最後に動詞「～します」や「～です」がきますが，英語では主語（～が[は]）のすぐ後に動詞を置きます。否定文「～しません，～ではありません」や疑問文「～しますか，～ですか」を作るときの方法は，be動詞と一般動詞で異なります。

be動詞	肯定文	彼はトムです。				He	is	Tom.
	否定文	彼はトムではありません。				He	is not	Tom.
	疑問文①	彼はトムですか。		Is	he			Tom?
	疑問文②	彼はだれですか。	Who	is	he?			
一般動詞	肯定文	彼は昼食を食べます。				He	eats	lunch.
	否定文	彼は昼食を食べません。				He	does not	eat	lunch.
	疑問文①	彼は昼食を食べますか。		Does	he		eat	lunch?
	疑問文②	彼は何を食べますか。	What	does	he		eat?	

＊疑問文②では疑問詞（Who / What など）は文の最初に置きます。

＊助動詞（can, will, must など）は肯定文では動詞の前，否定文では〈助動詞＋not〉を動詞の前，疑問文では主語の前に置きます。

＊主語を省いて動詞から始めると命令文になります。

　Enjoy.「楽しんでください」／ Don't eat.「食べないでください」

＊「どんな～」は〈What ＋名詞〉，「どの～」は〈Which ＋名詞〉で表します。

＊「（場所）に～がある」を表す〈There is [are] ～（＋場所）〉もよく出題されます。

例題 をみてみよう！

いちばん近い郵便局にはどうやって行けばいいですか。

(①to ②can ③get ④how ⑤I)

	2番目		4番目	
					the nearest post office?

1 ②－③　　**2** ②－①　　**3** ④－①　　**4** ③－④

解説 最初に「どうやって」を表す疑問詞 how を置きます。疑問文なので主語の前に動詞か助動詞が出ます。ここでは助動詞 can がそれにあたります。その後，主語（I），動詞（get）の順番に並べます。〈get to＋場所〉で「〜に着く」の意味になります。

正しい語順 (How can I get to) the nearest post office?　　　解答：**1**

英語は言葉を並べる順番がほぼ決まっているんだよ。

だれが	する／した	何を	どのように	どこで	いつ
主語	＋ 動詞	＋目的語＋	副詞	＋ 場所 ＋	時

日本語とはずいぶん違うね。気をつけよう！

ポイント2 目的語「〜に」の表し方を確認しよう

英語には日本語の「が」「を」「に」のような言葉がありません。単語を並べる順序でそれを表します。「〜が」は文のはじめに，「〜を」「〜に」は動詞の後に置くのが基本です。

1つの文中に「〜を」と「〜に」の両方がある give / tell / show / send / buy / make などの場合の「〜に」の表し方には2通りあります。

例：「彼は 彼女に 写真を 見せました」

① 前置詞を使わずに動詞の直後に持ってくる方法
〈動詞＋ 〜に ＋…を〉の順に並べる
He showed her the pictures.

give / tell / show / send などは to，buy / make などは for を使うんだよ。覚えておこう！

② to や for などの前置詞を使って表す方法
〈動詞＋…を＋前置詞＋ 〜に 〉の順に並べる
He showed the pictures to her.

＼Let's Try!／ 次の語を並べかえて，日本語に合う英語にしましょう。

① 「リサはマイクにプレゼントをあげました」

　(a Mike Lisa present gave).

　_____ .

② 「ジョンは娘に新しいコンピューターを買いました」

　(his daughter a John computer new bought for).

　_____ .

解答：①Lisa gave Mike a present　②John bought a new computer for his daughter

ポイント3　よく出題されるポイントを確認しよう

●接続詞…文と文をつなぐ言葉。日本語との語順の違いに気をつけましょう。

　4級では特に when「（～する）とき」，before「（～する）前に」，after「（～した）後に」，because「（なぜなら）～なので」がよく出題されます。

例：「カナダに住んでいた とき 私はスキーを始めました」

　　I started skiing when I lived in Canada.

　＝ When I lived in Canada, I started skiing.

> when は2つの文を結ぶ接続詞の場合は「（～する）とき」の意味になるよ

例題 をみてみよう！

私たちはその部屋に入る前にくつを脱ぎます。

(①shoes　②our　③before　④take off　⑤we)

	2番目		4番目	

We ☐ ☐ ☐ ☐ ☐ enter the room.

1 ②－④　　**2** ②－③　　**3** ①－④　　**4** ⑤－①

解説　ここでの before は接続詞として2つの文をつなぐ働きをします。「部屋に入る前に」を before の後に〈主語＋動詞〉という語順で表し，文頭の We〈主語〉の後ろには，熟語 take off (our shoes)「（私たちのくつ）を脱ぐ」を置きます。

正しい語順　We (take off our shoes before we) enter the room.　解答：2

●不定詞と動名詞（基本的な使い方については３日目のポイント１を参照）
不定詞〈to＋動詞の原形〉は表す意味によって文の中での位置が変わります。

① 「～すること」──名詞と同じ働きをします（動名詞〈動詞の～ing形〉も同様）。
　To sing is fun.「歌うことは楽しいです」
　My hobby is to sing.「私の趣味は歌うことです」
　I like to sing.「私は歌うことが好きです」

② 「～するために，～したので」──文の最後に置いて，目的や原因を表します。
　She went to China to see him.「彼女は彼に会うために中国へ行きました」
　She was happy to see him.「彼女は彼に会えてうれしかったです」

③ 「～するための」── 名詞 の後ろに置いて説明を加えます。
　I don't have time to sleep.「私は眠る（ための）時間がありません」

●いろいろな英語表現
　意味を考えながらいろいろな英語表現に慣れ，自然な英語の言い方を身につけましょう。

例① 「あなたは私の考えについてどう思いますか」
　　　What do you think of my idea?

例② 「どんな種類の音楽が好きですか」
　　　What kind of music do you like?

例③ 「先月は雨がたくさん降りました」
　　　It rained a lot last month.
　　　(= We had a lot of rain last month.)

例④ 「コンピューターを使うのは得意ですか」
　　　Are you good at using a computer?
　　　(= Do / Can you use a computer well?)

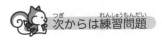
次からは練習問題

6 日目 練習問題

目標時間 10分

次の(1)から(10)までの日本文の意味を表すように①から⑤までを並べかえて □ の中に入れなさい。そして，2番目と4番目にくるものの最も適切な組み合わせを**1**, **2**, **3**, **4**の中から一つ選びなさい。※ただし，(　　　)の中では,文のはじめにくる語も小文字になっています。

□ **(1)** 明日は私の手伝いをする必要はありません。

(①have ②me ③to ④help ⑤don't)

You ☐ [2番目] ☐ [4番目] ☐ tomorrow.

1 ① ― ④　　**2** ② ― ⑤　　**3** ① ― ②　　**4** ③ ― ④

□ **(2)** 私の兄は歴史の勉強をするためにイタリアに住んでいます。

(①Italy ②study ③to ④in ⑤lives)

My brother ☐ [2番目] ☐ [4番目] ☐ history.

1 ② ― ④　　**2** ② ― ①　　**3** ④ ― ③　　**4** ① ― ④

□ **(3)** あなたの家への行き方を教えてくれませんか。

(①way ②me ③tell ④to ⑤the)

Can you ☐ [2番目] ☐ [4番目] ☐ your house?

1 ① ― ④　　**2** ⑤ ― ②　　**3** ② ― ①　　**4** ③ ― ①

□ **(4)** この美術館には見るべき絵がたくさんあります。

(①of ②are ③to ④pictures ⑤a lot)

There ☐ [2番目] ☐ [4番目] ☐ see in this art museum.

1 ③ ― ②　　**2** ⑤ ― ②　　**3** ⑤ ― ④　　**4** ③ ― ④

□ **(5)** この週末は何をする予定ですか。

(①going ②do ③you ④to ⑤are)

What ☐ [2番目] ☐ [4番目] ☐ this weekend?

1 ⑤ ― ①　　**2** ③ ― ④　　**3** ① ― ②　　**4** ② ― ③

ヒント (1)「～する必要はない」は don't have to ～　(2)「～するために」は〈to＋動詞の原形〉
(3)「～への行き方」は the way to ～　(4) art museum：美術館
(5)「～する予定である」は be going to ～

解答・解説

(1) 解答 1

正しい語順▶ You (don't **have** to **help** me) tomorrow.

解説 have to ～（＝ must）「～しなければならない」は，否定文になると don't have to ～「～しなくてもよい，～する必要がない」の意味になります。

(2) 解答 3

正しい語順▶ My brother (lives **in** Italy **to** study) history.

解説 目的を表す「～するために」は to 不定詞〈to ＋動詞の原形〉で表します。「私の兄はイタリアに住んでいる」の文の後に，目的を付け足す形にします。

(3) 解答 3

正しい語順▶ Can you (tell **me** the **way** to) your house?

解説「～してくれませんか」は Can [Will / Could / Would] you ～ ? と言います。「～への行き方」は the way to ～で表します。tell の後は，「私に」「行き方を」の語順になることに注意しましょう（ポイント 2 参照）。

(4) 解答 3

正しい語順▶ There (are **a lot** of **pictures** to) see in this art museum.

解説 There is [are] ～は「～がある／いる」の意味で，～の部分が単数の場合は is，複数の場合は are になります。〈to ＋動詞の原形〉を名詞の直後に付けると「～するための／～するべき」の意味になります。ここでは pictures to see「見るべき絵」です。

(5) 解答 2

正しい語順▶ What (are **you** going **to** do) this weekend?

解説〈be going to ＋動詞の原形〉（＝ will ＋動詞の原形）は「～することになっている」と未来の予定について述べるときの表現です。What で始まる疑問文なので〈What ＋ be 動詞 ＋主語 ＋ going to ＋動詞の原形〉の語順になります。

6
日目

筆記
3

57

□ **(6)** あなたの学校には生徒が何人いますか。

(①students ②many ③there ④are ⑤how)

□2番目 □ □4番目 □ in your school?

1 ④ー① **2** ①ー③ **3** ②ー④ **4** ③ー②

□ **(7)** 夏と冬では，どちらの季節が好きですか。

(①you ②better ③season ④like ⑤do)

Which □ □2番目 □ □4番目 □ , summer or winter?

1 ②ー① **2** ⑤ー④ **3** ①ー⑤ **4** ③ー④

□ **(8)** どんな種類のスポーツを見るのが好きですか。

(①of ②sports ③what ④do ⑤kind)

□ □2番目 □ □4番目 □ you like to watch?

1 ①ー③ **2** ③ー④ **3** ⑤ー② **4** ④ー⑤

□ **(9)** 私が電話をしたとき，ジョンは家にいませんでした。

(①when ②not ③at home ④called ⑤I)

John was □ □2番目 □ □4番目 □ him.

1 ③ー⑤ **2** ①ー② **3** ⑤ー① **4** ④ー③

□ **(10)** 歯をみがいてから寝なさい。

(①brush ②to ③after ④you ⑤bed)

Go □ □2番目 □ □4番目 □ your teeth.

1 ⑤ー④ **2** ④ー③ **3** ②ー④ **4** ⑤ー③

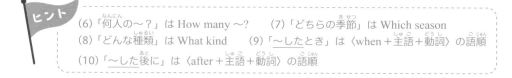

ヒント

(6)「何人の〜？」は How many 〜? (7)「どちらの季節」は Which season

(8)「どんな種類」は What kind (9)「〜したとき」は〈when＋主語＋動詞〉の語順

(10)「〜した後に」は〈after＋主語＋動詞〉の語順

(6) 解答 **3**

正しい語順▶ (How **many** students **are** there) in your school?

解説 数を聞くときの表現です。「何人いますか」という質問の文なので、「～がいます［あります］」の there are を疑問文の形で使います。〈How <u>many</u> ＋名詞の<u>複数形</u>〉で始めましょう。

(7) 解答 **2**

正しい語順▶ Which (season **do** you **like** better), summer or winter?

解説 「AとBでは，どちら（の～）が好きですか」は like と比較級の better を使って，Which (～) do you like better, *A* or *B*? のように表します。

(8) 解答 **3**

正しい語順▶ (What **kind** of **sports** do) you like to watch?

解説 What kind of ～?「どんな種類の～？」はジャンルやカテゴリーをたずねるときの表現です。この場合，What kind of sports で「どのような種類のスポーツ」の意味になります。to watch は to不定詞〈to ＋動詞の原形〉で，「～を見ること」という意味です。

(9) 解答 **1**

正しい語順▶ John was (not **at home** when **I** called) him.

解説 when「～するとき」という表現を使います（ポイント3参照）。〈be動詞＋at home〉は「家にいる」，call は「～に電話をする」という意味です。

(10) 解答 **1**

正しい語順▶ Go (to **bed** after **you** brush) your teeth.

解説 go to bed と you brush your teeth という2つの文を after で結びます。〈after ＋主語＋動詞〉で「（人）が～した後に」を表します。日本語との語順の違いに注意しましょう。

読解問題① ［掲示・お知らせ・広告など］

 今日の目標
情報を正確に読み取る練習をしよう

7日目では，筆記4Aで出題される掲示・お知らせ・広告などの文章を読み取る方法を学びましょう。大事な情報を正確に理解するには，特有の形式やよく使われる表現を知っておくと役立ちます。

ポイント1　基本情報をおさえよう

まず，何について知らせる文章なのかを見きわめます。知りたいことに「ポイントを絞って」読むと，わかりやすいでしょう。

〈お知らせの例：イベントの告知〉　　　　　　　　　　※訳は69ページにあります

見出し
Grand Opening of City Pool!

内容　The new city pool will open on Saturday!
We will have a big celebration. Come and join the fun!

場所　**Place:** City Pool (next to Maple Park)
日付　**Date:** Saturday, June 24
時間　**Time:** 9:30 a.m.   Opening Ceremony
Pool Opening Hours   10:00 a.m. - 6:00 p.m. (closed on Wednesdays)

詳しい内容　The pool is open from June 24 till September 30.
It has water sliders and a poolside café.
From June 24 to 30, everyone can get a bottle of drinking water for free.

連絡先　For more information, visit the Victor City website.

ポイント2 ｜ 特有の形式に慣れよう

情報の並べ方はそれぞれの場合で多少異なりますが，基本を知っておくと，ポイントがつかみやすくなります。内容ごとに確認しておきましょう。

日程表・スケジュールの例

施設・イベント名
日時／活動内容
追加の情報
全般的な注意事項

掲示・お知らせ・広告の例

見出し
内容
場所／日付／時間
詳しい内容
問い合わせ先（連絡先）

掲示はわかりやすくするために，１文１文が簡潔に書かれます。質問で問われているポイントを意識しながら次の例題を読んでみましょう。

例題 をみてみよう！

Back to School Sale!
Enjoy shopping and
get ready for the new school year!

When: August 18 to September 10
Where: Sunny Side Store on 12th Avenue
Time: 10:00 a.m. – 8:00 p.m.

A lot of useful items for school life are on sale now.
Some school bags and sports uniforms are 40% off!

---

(1) What is this notice about?
    1 A school gym.   **2** A new school.
    3 A special sale.   **4** A school party.

(2) This sale starts
    1 on August 12.   **2** on August 18.
    3 on September 10.   **4** on September 12.

新学期セール！

ショッピングを楽しんで
新学年に備えましょう！

いつ： 8月18日〜9月10日
どこで： 12番通りサニーサイド・ストア
時間： 午前10時から午後8時まで

学校生活に役立つたくさんの商品がセール中。
学校用のかばんやスポーツユニフォームの一部が40パーセント割り引き！

訳 **(1)** このお知らせは何についてですか。
    1 学校の体育館。   **2** 新しい学校。
    3 特別セール。   **4** 学校のパーティー。

解説 質問の What is 〜 about? は「〜は何についてのものですか」，notice は「掲示，案内」を意味します。このことからお知らせの主題が聞かれているとわかります。Back to School は「学校に戻る」の意味で，Back to School Sale は夏休みなどの長い休みの後，新しい学年のスタートの前後に開かれる大売り出しのことです。   **解答：3**

訳 **(2)** このセールが始まるのは
    1 8月12日です。   **2** 8月18日です。
    3 9月10日です。   **4** 9月12日です。

解説 This sale starts「このセールは始まります」に続く言葉を選んで文を完成させます。start「始まる」のがいつかについては When「いつ」の行を見ましょう。August 18 to September 10「8月18日から9月10日まで」とあるので，8月18日に始まるとわかります。月名は必ず覚えておきましょう。   **解答：2**

よく使われる単語や表現を覚えよう

掲示・お知らせ・広告などに書かれている情報は，読み間違えないようにしましょう。

●共通してよく使われる表現

□ Join us.「（私たちの活動に）参加してください」

□ Don't miss 〜.「〜をお見逃しなく」

□ For more information, 〜.「詳しくは〜（まで）」

> 数字（年齢，料金，人数など）は大切な情報だよ。
> 正確に読み取ろう！

●お知らせやイベント情報によく使われる表現

□ date / when「日付／いつ」, place / where「場所／どこで」, time「時間，時刻」

●広告やセール情報によく使われる表現

□ from 〜 to ...「〜から…まで」

□ price「料金」

□ 〜% off「〜パーセント割り引き」

□ free「無料の」(for free「無料で」)

□ opening hours「開館［営業］時間」

□ 60 (years old) and over「60歳以上」

□ 12 (years old) and under「12歳以下」, under 20 (years old)「20歳未満」

●内容や注意事項の説明によく使われる表現

□ Please 〜「〜してください」…持ち物や注意事項など

□ You can 〜「〜できます／〜してもいいです」…活動内容や許可事項

□ We are looking for 〜「〜を探しています／〜を求めています」…募集対象

□ by＋日付「○月○日までに」…締め切り

\Let's Try!/ 下の英語の掲示の内容と合うように日本語訳を完成させましょう。

Come and see the bird show!

The show will be **from** 3:00 **to** 4:30.
Don't forget to bring your camera!
You can feed the birds after the show.

➡ 鳥のショーを①＿＿＿＿＿＿＿＿！

ショーは3時②＿＿＿4時半③＿＿＿です。
カメラを持ってくるのを④＿＿＿＿＿！
ショーの後，鳥にエサをあげる⑤＿＿＿
＿＿＿＿＿＿＿。

解答：①見に来てください　②から　③まで　④忘れないでください　⑤ことができます

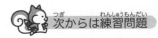
次からは練習問題

63

練習問題

次の掲示の内容に関して，**(1)** と **(2)** の質問に対する答えとして最も適切なもの，または文を完成させるのに最も適切なものを **1**，**2**，**3**，**4** の中から一つ選びなさい。

Milton City Music Weekend, October 6 to 8

Our city will be full of music this fall again!
Many musicians will be on the stage,
so come and listen to their play.
Get your tickets now and don't miss
the wonderful sounds of music!

Players:
Friday: 6:00 p.m. – Milton City Orchestra
Saturday: 2:00 p.m. - Children and students of Milton City
Sunday: 2:00 p.m. to 7:00 p.m. - Special guest musicians
Place:
All at Milton Music Hall

<u>Visit the music hall website</u>
<u>to get the tickets for you and your family!</u>

☐ **(1)** When can you listen to the children's music?
    1 From 2:00 p.m. on Friday.   **2** From 6:00 p.m. on Friday.
    3 From 2:00 p.m. on Saturday.   **4** From 2:00 p.m. on Sunday.

☐ **(2)** You can get the tickets
    1 at the music hall.   **2** at the music hall website.
    3 at school.   **4** at Milton City Hall.

be full of ～：～でいっぱいである   be on the stage：出演する
don't miss ～：～をお見逃しなく   wonderful：すばらしい
sound：音，響き   orchestra：オーケストラ   guest：ゲスト

ミルトン市ミュージック・ウィークエンド
10月6日〜8日

この秋ふたたび，私たちの街は音楽であふれます！
多くの音楽家が出演しますので，ぜひ彼らの演奏を聞きに来てください。
今すぐチケットを手に入れて，すばらしい音楽の響きをお聴き逃しなく！

演奏者たち：
金曜日：午後6時〜 ミルトン市オーケストラ
土曜日：午後2時〜 ミルトン市の子どもたちや学生たち
日曜日：午後2時〜午後7時 特別ゲストの音楽家
場所：
すべてミルトン音楽ホールにて

あなたとご家族のチケットを手に入れるには，音楽ホールのウェブサイトをご覧ください！

(1) 解答 **3**

子どもたちの音楽はいつ聞けますか。
1 金曜日の午後2時から。　**2** 金曜日の午後6時から。
3 土曜日の午後2時から。　**4** 日曜日の午後2時から。

解説 掲示の Players「演奏者たち」に注目しましょう。演奏者によって演奏する日時が異なることがわかります。質問は the children's music「子どもたちの音楽」についてなので，children という単語を探しましょう。同じ行にSaturday: 2:00 p.m.「土曜日：午後2時」と日時が書かれています。

(2) 解答 **2**

チケットを手に入れることができるのは
1 音楽ホールで。　**2** 音楽ホールのウェブサイトで。
3 学校で。　**4** ミルトン市役所で。

解説 You can get the tickets「あなたはチケットを手に入れることができる」に続く言葉を選んで文を完成させます。最後の行の to get the tickets for you and your family の to get が「手に入れるために」の意味であることに注意しましょう。その直前に Visit the music hall website「音楽ホールのウェブサイトに行きなさい［ウェブサイトを見なさい］」と答えが書かれています。

つぎ　し　　　　　ないよう　かん　　　　　　　　　　　　　しつもん　たい　こた　　　　　もっと　てきせつ
次のお知らせの内容に関して，(3)と(4)の質問に対する答えとして最も適切なものを **1**, **2**,
　　　なか　ひと　えら
3, **4**の中から一つ選びなさい。

Blue Lake City Zoo
Special Summer Event in August

Come to see the animals at night.
Many of them are more active in the dark!
We will be open until 10:00 p.m.
on all Saturdays.

The restaurants in the zoo will also be open until 10:00 p.m.
Children under 12 years old need to come with an adult.

From Mondays to Fridays, we will be open until 5:30 p.m.
And on Sundays, we will be closed.

For more information, visit our website:
www.bluelakezoo.com

(3) When will the zoo be open until 10:00 p.m. in August?
    1 Every Monday.
    2 Every Friday.
    3 Every Saturday.
    4 Every Sunday.

(4) What do children under 12 years old have to do?
    1 They have to eat in the restaurant.
    2 They have to visit the website.
    3 They have to go to the zoo at 10:00 p.m.
    4 They have to go to the zoo with an adult.

ヒント

special：特別な   active：活動的な，活発な   in the dark：暗闇の中で
until ～：～まで   under 12 years old：12歳未満   adult：大人

ブルーレイク市動物園
8月の夏の特別イベント

夜の動物たちに会いに来てください。
動物たちの多くは暗闇の中のほうが活動的です！
土曜日はすべて
午後10時まで開園しています。

園内のレストランも午後10時まで営業しています。
12歳未満の子どもたちは大人といっしょに来る必要があります。

毎週月曜日から金曜日は，午後5時30分まで開園しています。
そして毎週日曜日は休園します。

詳しい情報は，当園のウェブサイトで：
www.bluelakezoo.com

(3) 解答 **3**

動物園が午後10時まで開いているのは8月中のいつですか。
1 毎週月曜日。
2 毎週金曜日。
3 毎週土曜日。
4 毎週日曜日。

解説 When「いつ」と聞かれています。open「開園している／営業している」，until 10:00 p.m.「午後10時まで」が含まれている文を探しましょう。その文の最後の on all Saturdays が答えです。本文の all Saturdays が選択肢では Every Saturday と書きかえられていることにも注意しましょう。

(4) 解答 **4**

解説 children under 12 years old「12歳未満の子どもたち」が含まれている文を探します。本文の中では need to ～「～する必要がある」で表されている内容が，質問や選択肢では have to ～ に言いかえられていることに気をつけましょう。

※60ページの訳

市営プールがグランドオープン！

土曜日に新しい市営プールがオープンします！
盛大にお祝いします。ぜひ来て楽しんでください！

場所：市営プール（メイプルパーク横）
日付：6月24日（土）
時間：午前9時半　オープニング・セレモニー
プール営業時間　午前10時～午後6時（水曜定休日）

プールは6月24日から9月30日まで営業しています。

ウォータースライダーとプールサイドカフェがあります。
6月24日から30日までの間，飲料水を1本無料で差し上げます。

詳しくは，ビクター市のウェブサイトをご覧ください。

7日目

筆記

4
A

読解問題② ［Eメール・手紙文］

今日の目標

Eメールや手紙文の形式に慣れよう

8日目は，筆記4Bで出題されるEメールや手紙文について学習します。英語のEメールや手紙の基本的なルールを確認しましょう。

ポイント1　Eメール特有の形式を覚えよう

Eメールでは，はじめの部分に大切な情報がまとめて記されます。件名である Subject が，本文より前に具体的に書かれるのも特徴です。また，本文は1文1文が比較的短めで簡潔です。問題を解くときは，質問で問われているところにポイントを絞って読み取るとよいでしょう。本文に含まれる日付，時刻，場所などは特に確認が必要です。

〈Eメールの例〉

From: Nancy White	差出人＝本文中の I
To: Mike Brown	あて先＝本文中の you
Date: June 12	日付
Subject: Picnic	件名
Dear Mike,	

例題 をみてみよう！

From: Leo Thompson
To: Anne Fischer
Date: June 23
Subject: A high school student from Japan

Hi, Anne,

How are you doing? I have big news! This summer, a boy from Japan is coming to stay at our house for a month. His name is Hiroshi. We are planning to have a welcome party* for him on July

15. Tom, Noah and Beth are coming, too. Do you want to join us?
I need your ideas for the party!
Write me back soon,
Leo

From: Anne Fischer
To: Leo Thompson
Date: June 23
Subject: Sounds great!

Hi, Leo,
Thanks for inviting me. Yes, I'd love to come! I have a good
idea for the party. How about making pizzas with him? I have a
very easy, but good recipe*. I learned it from my grandfather. It's
always my favorite, and you'll love it.
See you soon,
Anne

* a welcome party：歓迎会   * recipe：レシピ   （注）実際の試験は３問です

(1) Who will stay with Leo for a month this summer?
　　1 Anne.　　　　　　　　　　**2** Anne's grandfather.
　　3 Hiroshi.　　　　　　　　　**4** Tom.

(2) Anne's idea for the party is
　　1 to invite more friends.　　　**2** to make pizzas together.
　　3 to make a new recipe.　　　**4** to go to a pizza restaurant.

全訳　差出人：レオ・トンプソン
　　　あて先：アン・フィッシャー
　　　日付：６月23日
　　　件名：日本からの高校生

> Ｅメールの場合，メールごとに
> 「私」＝Leoだったり，「私」＝
> Anneになったりするよ。
> 気をつけようね！

こんにちは，アン，
元気にしてる？　ビッグニュースがあるよ！　この夏，日本から男の子が１カ
月間，ぼくたちの家に滞在しに来ることになったんだ。彼の名前はヒロシだよ。
７月15日に彼のために歓迎会を開く計画をしているんだ。トム，ノアとベス
も来るよ。君もぼくたちに参加しない？　パーティーのために君のアイディア

71

が必要なんだ！
すぐに返信してね，
レオ
_____

差出人：アン・フィッシャー
あて先：レオ・トンプソン
日付：6月23日
件名：楽しそう！

こんにちは，レオ，
私を誘ってくれてありがとう。うん，ぜひ行きたい！　パーティーのいいアイディアがあるよ。彼といっしょにピザを作るのはどうかな？　とっても簡単で，でもおいしいレシピがあるんだ。私のおじいさんから習ったの。いつだって私のお気に入りなんだけど，あなたたちも気に入るよ。
それじゃ，
アン

訳 (1)この夏1カ月間レオのところに滞在するのはだれですか。

   1 アン。　　**2** アンの祖父。　　**3** ヒロシ。　　**4** トム。

解説 Who の後 will stay ... と語順が入れかわらずに続いているので，この文の主語を聞かれていることがわかります。レオの家に滞在する人物に関しては，「日本からの男の子」と述べた後，彼の名前が書かれています。　　**解答：3**

訳 (2)パーティーのためのアンのアイディアは

   1 友だちをもっと招待すること。　　**2** いっしょにピザを作ること。
   3 新しいレシピを作ること。　　**4** ピザ屋に行くこと。

解説 Anne's idea for the party is「パーティーのためのアンのアイディアは」に続けて文を完成させましょう。〈to＋動詞の原形〉で「～すること」の意味になります。本文の with him が選択肢では together になっていることにも気をつけましょう。　　**解答：2**

ポイント2 英語の手紙特有の形式を覚えよう

　まず差出人と受取人の名前，2人の関係をおさえましょう。本文中の I や you が，質問では実際の名前でたずねられるからです。

①March 22nd

②Dear Andy,

　③How are you and everyone in your family? Is it getting warm in New York now?

　I often remember my stay with you in December last year. It was very cold and we had a white Christmas! I really enjoyed singing Christmas carols together. It is a special memory for me.

　Now I finished my junior high school and my high school will start next month. I will join a volunteer club and help foreign people in Japan. I want to study English and practice speaking more.

　I hope you will come to Japan someday. Please say hello to your family for me.

④ Your friend,

⑤ Nao

What will Nao do when she is in high school?

1 Go to New York.　　**2** Enjoy singing.

3 Help foreign people.　　**4** Say hello to Andy's family.

【手紙の形式】

① **日付**　　手紙ではふつう右上に書きます。

② **あて名**　　手紙では〈Dear ＋相手の名前〉で「〜さま」にあたります。左上に書き，後ろにコンマを付けます。本文中の you「あなた」はこの人を指します。

③ **本文**　　話題が変わるごとに段落を分けます。手紙では，各段落の最初の行を少し右に寄せて書き始めるのがふつうです。

④ **結びの言葉**　　手紙では右下に，結びの言葉を添えます。親しい人同士ならば，Your friend「あなたの友だち」，Love「愛を込めて」，See you soon「じゃあね」，Take care「お元気で」など，少しかしこまった相手には，「敬具」にあたる Regards, Sincerely などが使われます。後ろにコンマを付けます。

⑤ **書いた人の名前**　　手紙では右下に書いた人がサインします。本文中の I「私」はこの人のことです。

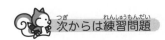
次からは練習問題

次のＥメールの内容に関して，**(1)**から**(3)**までの質問に対する答えとして最も適切なものを**1**，**2**，**3**，**4**の中から一つ選びなさい。

From: Jennifer Burke
To: Mari Suzuki
Date: July 20
Subject: My trip to Japan

- -

Hi Mari,
My parents bought my airplane ticket to Japan yesterday. I'll arrive at Narita International Airport on August 3rd at 9:45 a.m. Can you meet me at the airport? This is my second trip to Japan. Last time it was winter, so I needed a warm jacket and a sweater. Is it hot in Japan during the summer? What do I have to bring?
Please write back,
Jennifer

From: Mari Suzuki
To: Jennifer Burke
Date: July 21
Subject: Re: My trip to Japan

- -

Dear Jennifer,
My father and I will be at the airport to meet you. I can't wait to see you! It will be very hot in Japan in August. We are going hiking but it won't be too hot because we are going to the mountains. Oh, don't forget your swimsuit because we will also go to the beach!
We'll see you soon,
Mari

□ **(1)** When are Mari and her father going to see Jennifer?
    1 On July 20.
    2 On July 21.
    3 On August 3.
    4 On August 12.

□ **(2)** What does Jennifer want to know?
    1 About the weather in Japan.
    2 About Mari's father's job.
    3 About the store.
    4 About Mari's friends.

□ **(3)** What will Jennifer need in Japan?
    1 A jacket.
    2 A swimsuit.
    3 An apron.
    4 A sweater.

ヒント
trip：旅行　　Narita International Airport：成田国際空港　　last time：前回
can't wait：待ちきれない　　hiking：ハイキング

差出人：ジェニファー・バーク
あて先：マリ・スズキ
日 付：7月20日
件 名：私の日本への旅行

こんにちは，マリ，
昨日，私の両親が日本行きの航空券を買ってくれました。成田国際空港には8月3日の午前9時45分に着く予定です。空港まで迎えに来てくれますか。今回は私にとって2度目の日本への旅行です。前回は冬だったので，暖かい上着とセーターが必要でした。日本では，夏の間は暑いのですか。私は何を持っていけばよいですか。
お返事くださいね，
ジェニファー

差出人：マリ・スズキ
あて先：ジェニファー・バーク
日 付：7月21日
件 名：返信：私の日本への旅行

ジェニファーへ，
父と私があなたを迎えに空港に行きます。あなたに会うのが待ちきれないわ！　8月には日本はとても暑くなります。ハイキングに行く予定だけど，山へ行くので，それほど暑くはないでしょう。ああ，海辺にも行くつもりなので，水着を忘れないでね！
近いうちに会いましょう，
マリ

(1) 解答 3

マリと彼女の父親はいつジェニファーに会うのですか。
1 7月20日に。　　　　　　2 7月21日に。
3 8月3日に。　　　　　　 4 8月12日に。

解説 When ～? と聞かれたら日時や時期を答えます。最初のＥメールの2文目 I'll arrive at Narita International Airport ～. に答えがあります。

(2) 解答 1

ジェニファーは何を知りたいのですか。
1 日本の気候について。　　2 マリの父親の仕事について。
3 その店について。　　　　4 マリの友だちについて。

解説 最初のＥメールの後半にある2つの質問，Is it hot in Japan ～? と What do I ～?　がポイントです。マリの返信の内容も参考にしましょう。

(3) 解答 2

ジェニファーは日本で何が必要でしょうか。
1 上着。　　　　　　　　　2 水着。
3 エプロン。　　　　　　　4 セーター。

解説 ジェニファーの質問に対するマリの返答をていねいに読んでみましょう。Ｅメールの後半 don't forget ～ 「～を忘れないで」の部分に答えがあります。

次のＥメールの内容に関して，**(4)**から**(6)**までの質問に対する答えとして最も適切なもの，または文を完成させるのに最も適切なものを**1**, **2**, **3**, **4**の中から一つ選びなさい。

From: Ben Garcia
To: Alex Moore
Date: June 5
Subject: Basketball training camp

Hi, Alex,

I want to be a better basketball player, so I'd like to try a basketball camp this summer. I'm looking for a good one now. You took part in one of them last year, right? Was it in California*? How long did you stay? Did you like it? I need your help.

Please write to me soon,

Ben

From: Alex Moore
To: Ben Garcia
Date: June 6
Subject: Try it!

Hi, Ben,

Thanks for your e-mail.

Yes, I joined a camp in Oregon* last summer because I couldn't find a good one in California, Texas* or Florida*. It was only for one week, but I learned a lot. The coaches* were all great and I made friends with good players. I think you should try it. I'll tell you more about it when I see you next time.

I'll talk to you soon,

Alex

---

* California, Oregon, Texas, Florida：（いずれも米国の州の名前）カリフォルニア州，オレゴン州，テキサス州，フロリダ州

* coach：コーチ

□ **(4)** Why is Ben writing to Alex?
    1 He wants to go to Alex's house.
    2 He wants to play basketball with Alex.
    3 He wants to go camping with Alex.
    4 He wants to ask about Alex's basketball camp last year.

□ **(5)** Where did Alex go for the basketball camp last year?
    1 California.
    2 Oregon.
    3 Texas.
    4 Florida.

□ **(6)** Alex liked the basketball camp because
    1 it was for a month.
    2 he learned a lot.
    3 the weather was very good.
    4 he became friends with the coaches.

8
日目

筆
記

4
B

ヒント
training camp：合宿　　take part in ～：～に参加する
one of them：それらのうちの1つ

差出人：ベン・ガルシア
あて先：アレックス・ムーア
日付：6月5日
件名：バスケットボールの合宿

こんにちは，アレックス，

ぼくはもっとじょうずなバスケットボール選手になりたいので，この夏はバスケットボールの合宿に挑戦したいと思っているんだ。今いいのを探しているところだよ。君は昨年その1つに参加したよね？　それはカリフォルニア州だった？　どのくらいの間滞在したの？　気に入った？　君の助けが必要なんだ。

すぐにお返事ください，

ベン

差出人：アレックス・ムーア
あて先：ベン・ガルシア
日付：6月6日
件名：挑戦してみて！

やあ，ベン，

Eメールありがとう。

うん，昨年の夏，オレゴン州での合宿に参加したよ，カリフォルニア州やテキサス州，フロリダ州ではいいものが見つからなかったからだよ。1週間だけだったけれど，たくさんのことを学んだよ。コーチはみんなすばらしくて，いい選手たちと友だちになったんだ。君も挑戦してみるべきだと思う。次回会うとき，それについてもっと教えるね。近いうちに話すね，

アレックス

(4) 解答 **4**

なぜベンはアレックスにメールを書いているのですか。
1 彼はアレックスの家に行きたい。
2 彼はアレックスとバスケットボールをしたい。
3 彼はアレックスとキャンプに行きたい。
4 彼は昨年のアレックスのバスケットボールの合宿について聞きたい。

解説 このEメールの主な用件は本文の上に Subject「件名」として書かれています。ここでは Basketball training camp つまり，長期休暇を使ってバスケットボールの集中特訓をするための合宿のことです。一般的なキャンプとは異なることに注意しましょう。

(5) 解答 2

昨年アレックスはバスケットボールの合宿のためにどこへ行きましたか。

1 カリフォルニア州。　　　　　　　**2** オレゴン州。

3 テキサス州。　　　　　　　　　　**4** フロリダ州。

解説 選択肢はすべてアメリカの州名です。アレックスが参加したのは，彼の返信のはじめのほうの I joined a camp in ～「～での合宿に参加した」に書かれている場所です。

(6) 解答 2

アレックスがバスケットボールの合宿を気に入ったのは

1 それが1カ月間だったからです。　**2** 彼はたくさんのことを学んだからです。

3 天気がとてもよかったからです。　**4** コーチたちと友だちになったからです。

解説 It was only for one week, but ～「1週間だけだったけれど，～」の後に述べている部分が理由です。このように，理由を述べるとき because を使わないこともあるので，内容から判断することが大切です。

※73ページの訳と解答

全訳　　　　　　　　　　　　　　　　　　　　　　　　　3月22日

アンディーへ,
　あなたとご家族のみなさんはお元気ですか。ニューヨークは今ではもう暖かくなってきましたか。
　昨年12月にあなたのところに滞在したことをよく思い出します。とても寒くて，ホワイト・クリスマスになりましたね！　いっしょにクリスマス・キャロルを歌ったのが本当に楽しかったです。私にとって特別な思い出です。
　今，私は中学を終え，来月高校が始まります。ボランティア・クラブに入って日本にいる外国人の方たちのお手伝いをするつもりです。英語を勉強して，もっと話す練習をしたいです。
　あなたがいつか日本に来ることを願っています。ご家族によろしくお伝えください。

　　　　　　　　　　　　　　　　　　　　　　　　あなたの友だち,
　　　　　　　　　　　　　　　　　　　　　　　　　　　ナオ

訳　高校に入学したら，ナオは何をするつもりでしょうか。

1 ニューヨークに行く。　　　　　　**2** 歌うことを楽しむ。

3 外国人の手伝いをする。　　　　　**4** アンディーの家族によろしく伝える。

　　　　　　　　　　　　　　　　　　　　　　　　　　　　解答：3

読解問題③［説明文］

今日の目標

何をたずねられているか理解しよう

9日目の読解問題では，だれ（と，だれ）が，いつ，どこで，何をしたのか，を理解する方法を学びましょう。質問をよく読み，答えとなる部分を的確に見つけ出す練習をしましょう。

ポイント1　疑問詞の確認をしよう

　読解問題の質問は，ほとんどが疑問詞で始まります。疑問詞の意味と答えの選び方については，5日目で簡単に取り上げましたが，もう1度確認しておきましょう。

- □ **What**「何が［を］」
- □ **Whose**「だれの」
- □ **Where**「どこで［へ］」
- □ **Why**「なぜ」
- □ **Who**「だれが［を］」
- □ **When**「いつ」
- □ **Which**「どちら（の）」
- □ **How**「どうやって／どのように」

What や **How** は他の語との組み合わせでいろいろな意味の疑問詞になります。

- □ **What time**「何時（に）」→〈時刻をたずねる〉
- □ **How many＋名詞の複数形**「いくつ，どのくらい（数が多い）」→〈数をたずねる〉
- □ **How much**「いくら，どのくらい（量が多い）」→〈値段・量をたずねる〉
- □ **How long**「どのくらい（長い）」→〈期間・距離をたずねる〉
- □ **How old**「何歳」→〈年齢をたずねる〉

ポイント2　答えの見つけ方を覚えよう

　筆記4Cの質問は本文の流れに沿って出題されます。答えが隠れている場所にだいたいの見当をつけながら読み進めるといいでしょう。

読解問題（説明文）を解く手順

① 本文を読む前に質問をチェックしましょう。

↓

② 質問の内容を意識しながら本文を読みましょう。

↓

> まず質問から読めば，大事なポイントを見逃さずに済むよ。わからない言葉のヒントになることも多いよ！

③ 質問と選択肢をよく見て，本文の中に同じ言葉があるかどうかを確認しましょう。見つけたら下線などでマークしておきます。本文に1度も出てこない選択肢は除外します。

④ 質問の疑問詞に注意して答えを選びましょう（ポイント1参照）。また，文が途中で切れている場合は続く答えを選んで文を完成させましょう。

例題 をみてみよう！

第1段落だけを上記の手順で解いてみましょう！

① まず質問をチェック **(1)** What kind of bike does Amanda have now?

(2) Why did she start saving money?

② ①の＿＿＿と＿＿＿の下線部を意識しながら本文を読む

Amanda and Her Bike

Amanda loves riding her bike. She often goes cycling with her friends on weekends. But she wants a new bicycle. Now she has a yellow city bike, but it's getting old and is too small for her. She wants to buy a mountain bike next, but it is very expensive, so she started saving money. （以下省略）

③ 質問と同じ言葉を探す

(1) What kind of bike does Amanda have now?
  1 A new bike.
  2 A city bike.
  3 A mountain bike.
  4 A red bike.

(2) Why did she start saving money?
  1 She often goes cycling with her friends.
  2 She wants to buy an expensive bike.
  3 She rides a bike every day.
  4 She is getting old.

④ 質問が Why 〜? の場合は，前後に because か so を探す。because なら後，so ならその前に理由がある。どちらもない場合は，内容から判断する。

（注）実際の試験は5問です

※訳と解答は91ページにあります

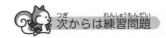
次からは練習問題

つぎ えいぶん ないよう かん
次の英文の内容に関して, **(1)**から**(5)**までの質問に対する答えとして最も適切なものを**1,2,**
なか ひと えら
3, 4の中から一つ選びなさい。

Aya's Summer

Aya is a junior high school student. She has an older brother. His name is Yuji and he is a college student in New York. He studies science there, and has friends from many countries.

Last month, Yuji came back to* Japan for summer vacation with his friend, Pedro. Pedro is from Brazil and he visited Japan for the first time. Aya wanted to speak to Pedro, but she couldn't because she wasn't good at speaking English. Yuji always helped her.

Pedro stayed at Yuji and Aya's house for two weeks. On the fourth day, Aya and her family went to Kyoto with Pedro, and stayed there for three days. They visited many shrines*. Some people were wearing beautiful kimonos in Kyoto. Aya and Pedro were very happy to see them. Pedro took many pictures there.

Aya and her parents will visit Yuji in New York next spring. Aya wants to see Pedro again and talk to him in English, so she is studying English very hard now.

もど
* come back to 〜：〜に戻る
じんじゃ
* shrine：神社

(1) What does Yuji study in New York?

    1 Music.

    2 Culture.

    3 Science.

    4 History.

(2) Who is Pedro?

    1 Aya's brother.

    2 Yuji's friend.

    3 A boy from Kyoto.

    4 Aya's classmate.

(3) How long did Aya's family and Pedro stay in Kyoto?

    1 One day.

    2 Three days.

    3 One week.

    4 Two weeks.

(4) What did Pedro do in Kyoto?

    1 He took many pictures.

    2 He stayed at a shrine.

    3 He went to school.

    4 He learned a Japanese dance.

(5) Why is Aya studying English very hard now?

    1 She wants to live in Brazil.

    2 She wants to visit Kyoto.

    3 She wants to help her brother.

    4 She wants to talk with Pedro.

9
日目

筆記
4
C

ヒント

older brother：兄（あに）　college：大学（だいがく）　be good at 〜：〜が得意（とくい）だ
stay at 〜：〜に滞在（たいざい）する，〜に泊（と）まる　wear：着（き）ている　kimono：（日本（にほん）の）着物（きもの）

アヤの夏

　アヤは中学生です。彼女には兄がいます。彼の名前はユウジといい，ニューヨークの大学の学生です。彼はそこで科学を勉強していて，いろいろな国出身の友だちがいます。

　先月，ユウジは夏休みのため，友だちのペドロを連れて日本に戻ってきました。ペドロはブラジル出身で，日本に来たのははじめてでした。アヤはペドロと話したいと思いましたが，英語を話すのが得意ではなかったので，できませんでした。ユウジがいつも彼女を助けてくれました。

　ペドロはユウジとアヤの家に２週間滞在しました。４日目に，アヤとアヤの家族はペドロといっしょに京都に行き，そこに３日間滞在しました。彼らはたくさんの神社を訪れました。京都では美しい着物を着ている人も何人かいました。アヤとペドロは彼女らを見てとても喜びました。ペドロはそこでたくさん写真を撮りました。

　アヤと両親は次の春にニューヨークのユウジのところに行く予定です。アヤはもう１度ペドロに会って，彼と英語で話したいと思っているので，彼女は今とても熱心に英語を勉強しています。

(1) 解答 **3**

ユウジはニューヨークで何を勉強していますか。

1 音楽。　　　　　　　　　　　**2** 文化。
3 科学。　　　　　　　　　　　**4** 歴史。

解説 質問と同じ言葉を含む文を探しましょう。第１段落４文目によく似た文があります。What「何を」の答えは動詞 studies の直後にあります。

(2) 解答 **2**

ペドロとはだれですか。

1 アヤの兄。　　　　　　　　　**2** ユウジの友だち。
3 京都出身の男の子。　　　　　**4** アヤの同級生。

解説 Pedro の名前がはじめて出てくる文か，そのそばに説明があるはずです。第２段落１文目の his friend, Pedro「彼の友だちのペドロ」の「彼」とはユウジのことです。

(3) 解答 2

アヤの家族とペドロはどのくらいの間，京都に滞在しましたか。

1 1日。

2 3日間。

3 1週間。

4 2週間。

解説 How long「どのくらいの間」という質問には，「〜の間」を表す〈for＋期間〉が答えになりますが，選択肢のように for は省略されることもあります。本文には stayed の後に for 〜 が続く文が第3段落の1文目と2文目に1つずつあります。2文目の stayed there の there「そこに」が京都のことです。

(4) 解答 1

ペドロは京都で何をしましたか。

1 彼はたくさん写真を撮った。

2 彼は神社に泊まった。

3 彼は学校に行った。

4 彼は日本の踊りを習った。

解説 〈What do [does / did]＋人＋do?〉「（人が）何をする［した］？」と聞かれたら，選択肢の動詞の部分に注目します。

(5) 解答 4

なぜアヤは今とても熱心に英語を勉強しているのですか。

1 彼女はブラジルに住みたい。

2 彼女は京都を訪れたい。

3 彼女は兄を助けたい。

4 彼女はペドロと話したい。

解説 質問文中と同じ studying English very hard を本文中に探すと，第4段落の最終文に見つかります。その直前に so「だから」があるので，この so の前に述べられている部分が理由となります。

次の英文の内容に関して，**(6)**から**(10)**までの質問に対する答えとして最も適切なもの，または文を完成させるのに最も適切なものを **1**, **2**, **3**, **4** の中から一つ選びなさい。

Lucas's Wallet

Lucas came to Japan from America three years ago to work in Osaka. He doesn't speak Japanese well, but he has good friends and enjoys his life in Japan.

One day last month, he lost his wallet. He knew it after he got home at night. He was shocked because it had his important cards and money. He looked for it at home and in his office again and again, but he couldn't find it. Did he lose it on the street? He had no ideas.

But a few days later, he got a phone call from the police. A girl brought his wallet to "*Koban*"* and the police kept it for him. He was very happy to get it back.

He was really surprised because there is no "*Koban*" in his home country. When people lose something in America, they have no place to report it, and usually, it doesn't return to them.

Now Lucas feels happier to live in Japan.

* *Koban*：交番

(6) Why did Lucas come to Japan?
  1 To study Japanese.
  2 To meet his friends.
  3 To work in Osaka.
  4 To be a police officer.

(7) What happened to Lucas one day last month?
  1 He couldn't find his wallet.
  2 He got home late.
  3 He lost his way.
  4 He worked in America.

(8) When did Lucas get a phone call?
  1 Three years ago.
  2 Last year.
  3 A few days after he lost his wallet.
  4 Yesterday.

(9) Who found Lucas's wallet?
  1 A police officer did.
  2 Lucas did.
  3 His friend did.
  4 A girl did.

(10) When people lose something in America, they
  1 usually can't get it back.
  2 go to "*Koban*."
  3 don't look for it.
  4 feel happy.

9
日目

筆
記

4
C

ヒント

wallet：財布　　one day：ある日　　lost：〜を失った（動詞 lose の過去形）
shocked：ショックを受ける　　a few days：数日　　brought：〜を持ってきた（動詞 bring の過去形）
kept：〜を取っておいた（動詞 keep の過去形）　　report：〜を報告する
lose *one's* way：道に迷う

ルーカスの財布

　ルーカスは大阪で働くために3年前にアメリカから日本に来ました。日本語はあまりじょうずに話しませんが，いい友だちがいて，日本での生活を楽しんでいます。

　先月のある日，彼は財布をなくしました。夜，帰宅してからそれに気がつきました。財布には大切なカードやお金が入っていたので，彼はショックを受けました。家でも会社でも何度も何度も探しましたが見つかりませんでした。路上でなくしたのでしょうか。彼にはまったくわかりませんでした。

　しかし数日後，彼は警察から電話を受けました。女の子が彼の財布を「交番」に持ってきて，それを警察が預かってくれていたのです。それを取り戻せて，彼はとてもうれしく思いました。

　彼は本当にびっくりしました，なぜなら彼の母国には「交番」がないからです。アメリカでは，人々は何かをなくしたら，それを報告する場所がなく，たいてい，それは戻ってこないのです。

　今，ルーカスは日本で暮らしていることをもっと幸せに感じています。

(6) 解答 **3**

ルーカスはなぜ日本に来たのですか。
1 日本語を勉強するため。　　　　　**2** 友だちに会うため。
3 大阪で働くため。　　　　　　　　**4** 警察官になるため。

解説 Why ～?「なぜ～?」と聞かれたら，〈because ＋主語＋動詞〉「（主語）が～するから」と答える他に，to不定詞〈to ＋動詞の原形〉を使って「～するために」と言うこともできます。

(7) 解答 **1**

先月のある日，ルーカスに何がありましたか。
1 彼は財布を見つけられなかった。　**2** 彼は遅く帰宅した。
3 彼は道に迷った。　　　　　　　　**4** 彼はアメリカで仕事をした。

解説 What happened to ～?「～に何が起きましたか」と聞かれたら，事件や状況を説明します。本文の he lost ～「彼は～をなくした」が，he couldn't find ～「彼は～を見つけることができなかった」と書きかえられていることに気をつけましょう。could は can の過去形です。

(8) 解答 **3**

ルーカスはいつ電話を受けましたか。
1 3年前。　　**2** 昨年。　　**3** 財布をなくした数日後。　　**4** 昨日。

解説 When「いつ」と聞かれたら，日時，時期，時刻などを表す言葉を探しましょう。ふつう英語では，文の終わりか文頭のどちらかに置かれます。カギとなる get a phone call「電話を受ける」という表現が，本文中にもほぼ同じ形で使われているので，その前後を見てみましょう。

(9) 解答 4

ルーカスの財布を見つけたのはだれですか。

1 警察官が見つけた。　　　　　　**2** ルーカスが見つけた。
3 彼の友だちが見つけた。　　　　**4** 女の子が見つけた。

解説 Who の後にすぐ動詞が続いているときは，「だれが〜する[した]のですか」と主語を聞く質問になります。答えるときは，主語の後に do / did や助動詞，be動詞などを付けるといいでしょう。

(10) 解答 1

アメリカでは物をなくしたとき，

1 たいてい取り戻すことができない。　　**2**「交番」に行く。
3 探さない。　　　　　　　　　　　　　**4** うれしい気持ちになる。

解説 本文の最後から2文目に答えがあります。本文では落とし物から見て，it (＝ something) doesn't return to them (＝ people)「それは人々の元に戻ってこない」となっていますが，選択肢では，人々の側から「取り戻せない」となっていることに注意しましょう。

※83ページの訳と解答

全訳　　　　　　　　**アマンダと自転車**

　アマンダは彼女の自転車に乗るのが大好きです。週末にはよく友だちとサイクリングに出かけます。でも，新しい自転車がほしいと思っています。今彼女は黄色いシティバイクを持っていますが，もう古くなってきて，彼女には小さすぎます。次はマウンテンバイクを買いたいと思っていますが，とても高いので，彼女はお金を貯め始めました。

訳　(1)　アマンダは今どんな種類の自転車を持っていますか。
　　　　1 新しい自転車。　　　　　**2** シティバイク。
　　　　3 マウンテンバイク。　　　**4** 赤い自転車。　　　　解答：**2**

　　(2)　なぜ彼女はお金を貯め始めたのですか。
　　　　1 彼女はよく友だちとサイクリングに行くから。
　　　　2 彼女は高価な自転車を買いたいから。
　　　　3 彼女は毎日自転車に乗っているから。
　　　　4 彼女は年をとってきたから。　　　　　　　解答：**2**

9
日目

筆記

4
C

91

リスニング編

10日目 ▶ 13日目

リスニング編にあたる後半4日間では，英検4級リ
スニングの問題形式を把握しましょう。

音声マークが付いている箇所は音声を再生しながら
学習を進めましょう。

会話に対する応答を選ぶ問題①

第1部の形式に慣れよう

10日目では，リスニングの第1部について学習します。第1部では，会話の自然な流れを意識して，次に続く応答を選ぶことが大切です。イラストを見て，状況を想像しながら聞きましょう。

ポイント1　質問に対する答え方を確認しよう

第1部は問題にイラストが描かれているだけで，会話も選択肢（各問3つ）もすべて放送されます。会話の最後の文が疑問文の場合はそれに対する答えを選びます。疑問詞の意味や質問の答え方は5日目と9日目で再確認しましょう。

例題 をみてみよう！

◀)) 01

放送される対話

☆：Your baseball team has many players.

★：Yeah. We have 25 members now.

☆：Who is that young man over there?

1 He's 20.

2 He's tall.

3 He's my brother.

訳

☆：あなたの野球チームには，たくさんの選手がいますね。

★：ええ。現在，メンバーが25人います。

☆：あそこにいる若い男性はだれですか。

1 彼は20歳です。

2 彼は背が高いです。

3 彼は私の兄［弟］です。

解説 Who「だれ」と聞かれたら，その人の名前や自分との関係などを答えます。ここでは my brother「私の兄［弟］」がそれにあたります。**1** は How old is he? の，**2** は What is he like? や How is he? と聞かれた場合の応答になります。

解答：**3**

【質問に対する応答の例】

質問をされた場合，どのような答え方があるか，例をいくつか見てみましょう。

① 疑問詞（What, Who, Where, How など）に合う内容の答えを選ぶ。

A: How many eggs do you need?

B: Just one .

A: 卵はいくつ必要なの？

B: 1 個だけ。

② 疑問詞のない疑問文は Yes / No で答えるのが基本。

A: Is the party tomorrow?

B: Yes , that's right.

A: パーティーは明日ですか。

B: はい，その通りです。

③の場合，Yes, here you are.「はい，どうぞ」や Sure. Over there.「はい。あちらです」などの答え方も可能だね

③ 絵を参考にして状況を想像する。

A: Do you have any music magazines?

B: I'm sorry . We don't.

A: 音楽雑誌はありますか。

B: 申し訳ありません。ございません。

ポイント2 気持ちを伝える表現を覚えよう

会話の最後が疑問文ではない場合は，状況に合わせて最も自然な応答を選びます。例えば Have a nice vacation.「楽しい休暇を過ごしてください」や Good job.「よくやったね」などが出題されます。5日目を参考に基本的な会話表現を確認しておきましょう。

例題 をみてみよう！

🔊)) 02

放送される対話

★：Our club has a morning practice
　　tomorrow. Will you wake me up
　　at six o'clock?

☆：All right. I will.

★：Thank you, Mom.

1 No problem.

2 Welcome back.

3 That's a good idea.

訳　★：明日は部活の朝練習があるんだ。6時に起こしてくれる？

　　☆：わかった。そうするわ。

　　★：ありがとう，お母さん。

　　1 いいのよ。

　　2 おかえりなさい。

　　3 それはいい考えね。

解説　No problem. は「たいしたことではない」「気にすることはない」という
　　ニュアンスで，お礼を言われたときの応答としてよく使われる表現です。
　　Welcome back. は帰ってきた人に「おかえりなさい」と言うときの表現です。

解答：**1**

【最後が質問ではない場合の応答例】

Aが質問ではない場合，どのような答え方があるか，例をいくつか見てみましょう。

A: Have a nice weekend.

B: You, too!

A: よい週末を過ごしてください。

B: あなたも！

A: I'll have a tennis game tomorrow.

B: Good luck!

A: 明日テニスの試合なんだ。

B: 幸運を祈っているよ［がんばって］！

A: I won the speech contest.

B: That's great!

A: スピーチ・コンテストで優勝したよ。

B: すごいわ！

> よい知らせには Good. / Great. /
> Wonderful., 悪い知らせには（That's）
> Too bad. などと応答するよ

助動詞に注目しよう

会話では助動詞（can, will, may, must, shall など）が，とても大事な役割を担います。中でも，4級のリスニングでは can がさまざまな場面でいろいろな意味で使われます。ここでは can の発展させた意味と応答例を確認しておきましょう。

can 〔 基本的な意味「できる・可能である」
　　　発展させた意味「許可する・やってあげる」 ← 特に疑問文でよく使われます。

① **Can I ～?** と言われたら

（私は）〜してもいいですか　許可する→ 　Sure. / Of course. / All right. など

　　　　　　　　　　　　　　許可しない→ 　Sorry, you can't. / Not this time. など

（私が）〜しましょうか　　　お願いする→ 　Yes, please. など

　　　　　　　　　　　　　　お願いしない→ 　No, thank you. など

② **Can you ～?** と言われたら

（あなたは）〜してくれませんか　応じる→ 　Sure. / All right. など

　　　　　　　　　　　　　　　　断る→ 　Sorry, I'm busy. など

【Can ～? の会話例】

☆：Can I come with you, Dad?

★：Not today.

☆：いっしょに行ってもいい，お父さん？

★：今日はだめだよ。

★：Can I help you?

☆：Yes, please. Where is the city pool?

★：お手伝いしましょうか。

☆：はい，お願いします。市営プールはどこですか。

★：Mom, can you drive me to the station?

☆：OK, but wait for 10 minutes.

★：お母さん，駅まで車で送ってくれない？

☆：いいわよ，でも10分待って。

次からは練習問題

イラストを参考にしながら対話と応答を聞き，最も適切な応答を**1**，**2**，**3**の中から一つ選び（　　　　）に入れなさい。

☐ **No. 1**　　　（　　　）

☐ **No. 2**　　　（　　　）

☐ **No. 3**　　　（　　　）

☐ **No. 4**　　　（　　　）

☐ **No. 5**　　　（　　　）

☐ **No. 6**　　　（　　　）

ヒント　　No. 1 a pack of 〜：1パックの〜　　No. 2 tonight：今夜は　　No. 3 Good job.：よくやった。
That's too bad.：それはいけませんね。　　No. 4 What's wrong?：どうしたの？
No. 5 apron：エプロン　　No. 6 Thanks a lot.：どうもありがとう。

No. 1　解答 3　🔊 03

☆：Dad, did you call me now?

★：Yes, Cathy. Can you get something for me at the supermarket?

☆：OK. What do you want?

1 I'm happy to help.

2 It's near here.

3 A pack of eggs.

> ☆：お父さん，今電話した？
>
> ★：うん，キャシー。スーパー（マーケット）でちょっと買ってきてくれないかな？
>
> ☆：いいよ。何がほしいの？
>
> **1** 喜んでお手伝いするよ。
>
> **2** この近くにあるよ。
>
> **3** 卵を1パック。

解説　父親は最初に頼むとき，something「何か」と不明瞭な言い方をしましたが，What do you want?「何がほしい？」と聞かれているので，具体的に答えます。卵は one egg, two eggs でも可能ですが，a pack of ～「～を1パック」という言い方でも使われるので慣れておきましょう。

No. 2　解答 2　🔊 04

☆：I have a math test. It'll be very difficult.

★：Oh, when is it?

☆：Tomorrow afternoon. I have to study hard tonight.

1 You're welcome.

2 I see. Good luck!

3 Yes, please.

> ☆：数学のテストがあるの。とても難しいはずよ。
>
> ★：ふうん，いつだい？
>
> ☆：明日の午後よ。今夜は一生懸命勉強しないといけないの。
>
> **1** どういたしまして。
>
> **2** そうか。がんばって！
>
> **3** うん，お願いするよ。

解説　明日テストがあると言う相手に「がんばって！」と励ましたいとき，英語では Good luck!「幸運を祈っています［がんばって］」と言うのが最も一般的です。

10
日目

リスニング1

No. 3　解答　1　　🔊 05

☆：Ken, I feel cold.

★：Are you OK?

☆：Yeah, but can you close the window?

1 All right.

2 Good job.

3 That's too bad.

> ☆：ケン，寒いわ。
>
> ★：だいじょうぶ？
>
> ☆：ええ，でも窓を閉めてくれる？
>
> **1** いいよ。
>
> **2** よくやったね。
>
> **3** それはいけないね［気の毒だ］。

解説　Can you ～?は「あなたは～することができますか」の意味ですが，「～してくれませんか」と人に依頼するときにも使います。依頼を引き受ける場合は All right. / Sure. / OK. などと答えます。

No. 4　解答　1　　🔊 06

★：Oh, no!

☆：What's wrong?

★：I forgot to bring my pencil today.　Can I use yours?

1 Sure.　Here you are.

2 It's my umbrella.

3 Thank you.

> ★：わあ，どうしよう！
>
> ☆：どうしたの？
>
> ★：今日，鉛筆を持ってくるのを忘れちゃった。君のを使ってもいい？
>
> **1** もちろん。はい，どうぞ。
>
> **2** それは私のかさです。
>
> **3** ありがとう。

解説　Can I ～?は「～してもいいですか」と許可を求める言い方であることに注意します。yoursは your pencil のことです。「その場で使う」という意味の「借りる」はuseを用いて表します。

No. 5　解答　2

07

★：That's a beautiful apron.

☆：Thanks. It was a birthday present from my sister.

★：Did she make it?

1 It's yours.

2 No, she bought it.

3 It was yesterday.

> ★：それはきれいなエプロンだね。
> ☆：ありがとう。姉［妹］からの誕生日プレゼントなの。
> ★：お姉［妹］さんが作ったの？
> **1** それはあなたのよ。
> **2** いいえ，姉［妹］はそれを買ったのよ。
> **3** それは昨日よ。

解説　Did she ～? と疑問詞のない文で聞かれているので，Yes か No で答える問題です。she <u>made</u> it ではなく she <u>bought</u> it と続けている**2**が正解です。

No. 6　解答　2

08

★：Where are you going, Wendy?

☆：I'm going to my piano lesson.

★：How often do you go?

1 I love music.

2 Once a week.

3 Thanks a lot.

> ★：どこに行くの，ウェンディ？
> ☆：ピアノのレッスンに行くところ。
> ★：どのくらいの頻度で通っているの？
> **1** 私は音楽が大好きなの。
> **2** 週に１回よ。
> **3** どうもありがとう。

解説　<u>How often ～?</u> は「どのくらいの頻度で～しますか」とたずねる表現です。答えるときは <u>once a week</u> ［month / year］「週［月／年］に１回」などと答えます。２回なら once の部分を twice に，３回なら three times に変えます。

11日目

会話に対する応答を選ぶ問題②
かい わ たい おう とう えら もん だい

 今日の目標

第1部をさらに理解しよう
だい ぶ り かい

11日目では，引き続きリスニングの第1部に取り組みましょう。自然
にち め ひ つづ だい ぶ と く し ぜん
な対話ならではの特徴や聞き取りのコツをつかみましょう。また，よく
たい わ とくちょう き と
使われる表現や応答例も覚えておくと役に立ちます。
つか ひょうげん おうとうれい おぼ やく た

ポイント1 会話でよく使われる表現を覚えよう
かい わ つか ひょうげん おぼ

　4級のリスニングで取り上げられる表現は実際の会話の中でも大変よく使われるものが
きゅう と あ ひょうげん じっさい かい わ なか たいへん つか
多く，覚えておくととても便利です。また，会話の内容に合った応答の仕方といっしょに
おお おぼ べんり かい わ ないよう あ おうとう し かた
学習すると効果的でしょう。
がくしゅう こう か てき

\Let's Try!/ 次の英語の表現と応答例を音声に続いて言ってみましょう。
つぎ えい ご ひょうげん おうとうれい おんせい つづ い

🔊))09

表現 ひょうげん		応答例 おうとうれい	
Have fun. Have a good time.	楽しんできて。 たの	Thank you. / Thanks.	ありがとう。
Good luck.	幸運を祈っています こううん いの [がんばって]。	Thank you. / Thanks.	ありがとう。
Good job. You did a great job.	よくやった。	Thank you. / Thanks.	ありがとう。
Is Sunday OK?	日曜日でいいです にちようび か。	Yes, that's fine.	はい，それでだい じょうぶです。
Where are the dictionaries?	辞書はどこですか。 じ しょ	They're over here.	こちらです。
What's for dinner?	夕食は何ですか。 ゆうしょく なん	Spaghetti. Your favorite dish.	スパゲッティです。 あなたの大好物です。 だいこうぶつ
See you then. See you later.	では，またそのとき。 では，また後で。 あと	See you. / Bye.	さようなら。

Get better soon.	早くよくなってね。	Thank you.	ありがとう。
How was the movie?	映画はどうでしたか。	It was interesting.	おもしろかったです。
How about ～?	～はどうですか。	Sounds good.	よさそうですね。
Let's ～.	～しましょう。	That's a good idea.	いい考えですね。
Why not?	どうして（～しないのですか)？	It was too difficult.	難しすぎました。
Do you want another one?	もう1ついかがですか。	Yes, please.	はい，ください。
		A little.	少しだけ。
Do you want some more?	もっといかがですか。	No, thanks.	いいえ，けっこうです。
		No. I'm full.	いいえ。私はお腹がいっぱいです。
Here you are.	はい，どうぞ。	Thank you.	ありがとう。
Where is my pen?	私のペンはどこですか。	Here it is.	ここにあります[はい，どうぞ]。
Is there a bank near here?	この近くに銀行はありますか。	Yes. It's over there.	はい。あそこにあります。

Do your best!
(全力を尽くしなさい［がんばって］！)

I will.
(そうするよ)

会話表現はリスニングだけでなく，筆記2でも問われるからしっかり覚えておこう

11
日目

リスニング 1

いろいろな状況を想像しよう

同じ質問でも状況や人物によって応答は違います。いろいろな場合に対処できるように準備しておきましょう。

例題 をみてみよう！

🔊 10

（放送される対話）

☆：Dad, I have to finish writing a report.

★：Oh. Do you need any help?

☆：No, but can I use your computer?

1 I'm sorry, Meg. I'm using it right now.

2 Of course, I can.

3 All right. Let's go tomorrow.

訳　☆：お父さん，私，レポートを書き上げないといけないんだ。

　　★：ああ。手伝いは必要かい？

　　☆：ううん，でもお父さんのコンピューターを使ってもいい？

　　1 ごめん，メグ。ちょうど今私が使っているんだ。

　　2 もちろん，私はできるよ。

　　3 わかった。明日行こう。

解説　Can I ～? は「～してもいいですか」と許可を求める表現です。Yes のかわりに Of course. / Sure. / No problem. などがよく使われます。しかしここでは，No のかわりに I'm sorry と謝ってから，理由を述べています。　　**解答：1**

他の場合を見てみましょう。特に Can I ～? は会話によく出てくるので，応答もいろいろなパターンがあります。

Can I eat [have] some cookies?
「クッキーを食べてもいいですか」

You can have some after dinner.
「夕食後に食べてもいいです」

Wash your hands first.
「まず手を洗いなさい」

Not now.
「今はだめです」

他の応答例も参考にしてください。

How are you today?
「今日は具合はどうですか」
　　　　➡　　　　(I feel) Better, thanks.
「前よりいいです，ありがとう」

How long was the movie?
「映画はどのくらいの長さでしたか」
　　　　➡　　　　Over three hours.
「3時間を超えていました」

Who are you going with?
「だれと行くのですか」
　　　　➡　　　　No one.
「だれとも（行きません）」→「1人です」

I can't cook well.
「料理が下手なんです」
　　　　➡　　　　I'll teach you.「教えてあげますよ」
I'll help you.「手伝ってあげますよ」

ポイント3　会話特有の省略やリズムに慣れよう

　会話では，テンポよく話を進めるために，Yes を Yeah としたり，聞かれていることを一言で答えたりすることがあります。また，特に意味はなくても，リズムをよくするために加える語もあります。このような会話特有の表現に慣れておくと，聞き取りがグッと楽になります。以下に例を紹介します。特に赤い文字の意味で使われる場合に注意しましょう。

just
▶ 「ちょうど」… just one o'clock「1時ちょうど」
▶ 「〜だけ」（= only）… Just a little.「少しだけ」
　　　　　　　　　　　　　　Just a minute.「ほんのしばらく（待ってください）」
　　　　　　　　　　　　　　Just two.「2つだけ」（How many 〜?「いくつ?」と聞かれて）
▶ 強調 … just now「たった今」
▶ リズムをよくする … Just stay there.「ちょっとそこにいてください」

then
▶ 「そのとき」… I was sleeping then.「私はそのとき眠っていました」
▶ 「それから」… I had breakfast, and then went out.
　　　　　　　　　「朝食を食べ，それから出かけました」
▶ 「では，じゃ，」… Let's go, then. / Then, let's go.「じゃ，行きましょう」
　　　　　　　　　　See you then.「では，また」

around + 名詞
▶ 「〜の周りを」… The dog ran around the tree.「その犬は木の周りを走りました」
▶ 〈around +数字・時刻〉で「およそ〜・〜頃」
　　Around six thirty.「6時半頃です」（When 〜?「いつ?」, What time 〜?「何時に?」
　　と聞かれて）

次からは練習問題

11 日目

練習問題 (れんしゅうもん だい)

🔊 11〜16

イラストを参考にしながら対話と応答を聞き，最も適切な応答を**1**，**2**，**3**の中から一つ選び（　　　）に入れなさい。

☐ **No. 1**　　　（　　　）

☐ **No. 2**　　　（　　　）

☐ **No. 3**　　　（　　　）

☐ **No. 4**　　　（　　　）

☐ **No. 5**　　　（　　　）

☐ **No. 6**　　　（　　　）

ヒント

No. 1　have a cold：風邪をひく　　No. 2　project：プロジェクト，計画　　No. 3　have：（子）を産む
No. 4　rock band：ロックバンド　　No. 5　bake：（オーブンで）焼く
No. 6　would you like：「ほしいですか」をていねいにした表現

No. 1　解答　3　🔊 11

★：Why didn't you come to school yesterday?

☆：I had a bad cold. I stayed in bed all day.

★：How are you today?

1 I think so.

2 Have a nice day.

3 I feel a little better.

> ★：昨日はどうして学校に来なかったの？
> ☆：ひどい風邪をひいちゃったの。1日中ベッドで寝てたわ。
> ★：今日はどんな具合？
> **1** 私はそう思うわ。
> **2** よい1日を。
> **3**（昨日より）少しよくなったわ。

解説　How are you? は本来「どんな状態ですか」を表します。いつも Fine, thank you. と答えるわけではありません。この場面では I feel a little better (today than yesterday).「（今日は昨日より）少し気分がいいです」が適切な返答です。

No. 2　解答　3　🔊 12

☆：Mr. Richards, I need to talk to you about the new project.

★：All right, Janet. Come to my office later.

☆：What time is good for you?

1 See you then.

2 No, thank you.

3 Around two o'clock.

> ☆：リチャーズさん，新しいプロジェクトについてお話があるのですが。
> ★：わかりました，ジャネット。後で私のオフィスに来てください。
> ☆：何時がよろしいですか？
> **1** では，またそのとき。
> **2** いいえ，けっこうです。
> **3** 2時頃です。

解説　What time is good for you?「何時がよいですか」は相手の都合を聞いて，予定を調整するときに使われる表現です。具体的な時間を答えている Around two o'clock. が適切な返答です。around「およそ〜・〜頃」が付いて，2時前後であることを意味しています。

No. 3　解答 2　 13

☆：Hi, William. What's up?

★：Our dog just had two babies, but we can't keep them.

☆：Really? Please give me one of them.

1 I have to do my homework.

2 That's a big help! Thanks.

3 My dogs are really cute.

> ☆：あら，ウィリアム。どうかした？
> ★：うちの犬が２匹赤ちゃんを産んだんだけど，うちでは飼えないんだ。
> ☆：本当？　１匹譲ってほしいな。
> **1** 宿題をやらなきゃいけないんだ。
> **2** それはとても助かるよ！　ありがとう。
> **3** うちの犬たちはすごくかわいいんだ。

解説 What's up? は「何が起きているの？」の意味で，よい場合でも悪い場合でも使える表現です。犬が had two babies「赤ちゃんを２匹産んだ」けれど keep「維持する，飼う」ことができないと話したところ，１匹譲ってほしいと言われた場面です。a big help は「大きな助け」＝「とても助かる」を意味し，感謝の気持ちを伝えるときに使います。

No. 4　解答 1　14

☆：I called you yesterday, but you weren't home.

★：I went to the concert of my favorite rock band.

☆：Really? How was it?

1 So exciting.

2 By train.

3 Just a little.

> ☆：昨日電話したけど，家にいなかったわね。
> ★：大好きなロックバンドのコンサートに行ってたんだよ。
> ☆：本当？　どうだった？
> **1** すごく興奮したよ。
> **2** 電車で。
> **3** 少しだけ。

解説 「大好きなロックバンドのコンサート」について How was it?「それはどうでしたか」と聞かれています。本来ならば It was very exciting.「それはとてもわくわくするものでした」と言うところですが，会話では It was を省略することがよくあります。また，very のかわりに so を使うこともよくあります。

108

No. 5　解答 1　🔊 15

★：Wow! This apple pie looks good.

☆：I baked it this morning.

★：Can I have some?

1 Not now.

2 Sounds interesting.

3 It was fun.

> ★：うわあ！　このアップルパイおいしそう。
> ☆：今朝焼いたのよ。
> ★：少し食べてもいい？
> **1** 今はだめ。
> **2** おもしろそうね。
> **3** それは楽しかったわ。

解説　〈look＋形容詞〉で「～のように見える」の意味になります。アップルパイは an apple pie とすると丸ごと1個を表すので，a piece「1切れ」あるいは some「少し」とします。Can I have some?「少し食べてもいいか」で許可をもらおうとしましたが，Not now.「今はだめ」と言われ，許可がおりなかったことになります。Not ～ で「～ではない」の意味になります。

No. 6　解答 2　🔊 16

★：May I help you?

☆：Yes. Do you have any doughnuts?

★：Sure. How many would you like?

1 Something to drink.

2 Just one.

3 Do your best.

> ★：いらっしゃいませ，おうかがいしましょうか。
> ☆：はい。ドーナツはありますか。
> ★：もちろんです。いくつになさいますか。
> **1** 何か飲むものをください。
> **2** 1つだけください。
> **3** 全力を尽くしなさい。

解説　会話ではお互いわかっている言葉が省かれることがあります。ここでは How many doughnuts would you like? の doughnuts「ドーナツ」が省略されています。would you like は do you want「ほしいですか」をていねいにした表現です。また，ここでの Just は「～だけ」の意味です。

12日目 リスニング 第2部

学習した日　月　日

会話の内容を聞き取る問題

今日の目標

第2部の形式に慣れよう

12日目ではリスニングの第2部について学習します。会話の後に読まれるQuestion「質問」に対する答えを選びます。質問の内容を理解し，2度目に聞くときは関連した部分に集中して聞きましょう。

ポイント1 質問の最初の部分を聞き取ろう

第2部は会話の後に放送される質問の最初の疑問詞がポイントです。本試験では会話と質問は2度読まれます。2度目はその疑問詞の答えを聞き取ることに集中しましょう。

\Let's Try!/ 次の①〜⑧までの質問を音声で聞き，それに合う応答をア〜クの中から1つ選び，線で結んで会話を完成させましょう。

🔊 17

① How many sisters does the girl have?　　　・　　　・　ア His umbrella.

② What is the boy looking for?　　　・　　　・　イ She couldn't sleep last night.

③ Where does the girl go on Sundays?　　　・　　　・　ウ Last year.

④ What does the boy want to do?　　　・　　　・　エ By bus.

⑤ How will the girl go to the airport?　　　・　　　・　オ Once a week.

⑥ Why is the girl tired today?　　　・　　　・　カ Two.

⑦ When did the boy go to Canada?　　　・　　　・　キ Go skiing.

⑧ How often does the girl play tennis?　　　・　　　・　ク To the swimming pool.

解答：① カ 「女の子は姉妹が何人いますか」「2人です」

② ア 「男の子は何を探していますか」「彼のかさです」

③ ク 「女の子は毎週日曜日にどこに行きますか」「スイミングプールです」

④ キ 「男の子は何がしたいですか」「スキーに行きたいです」

⑤ エ 「女の子はどうやって空港に行きますか」「バスで行きます」

⑥ イ 「今日女の子はなぜ疲れているのですか」「彼女は昨夜眠れませんでした」

⑦ ウ 「男の子はいつカナダへ行きましたか」「昨年です」

⑧ オ 「女の子はどのくらい頻繁にテニスをしますか」「週1回です」

> 疑問詞の意味や答え方については5日目のポイント1を再確認しよう

ポイント2　選択肢をヒントにしながら会話を聞こう

　リスニングの解答時間は10秒ですので，問題を解き終わったら次の問題が始まる前に選択肢に目を通しましょう。特にどこに注意して聞けばいいか，必ずヒントが見つかるはずです。

例題 をみてみよう！

🔊 18

印刷された選択肢

1 Go home.
2 See his friend.
3 Go swimming.
4 Do his homework.

放送される対話

☆：Where are you going, David?
★：I'm going to the pool.
☆：Do your homework before you go.
★：OK, Mom.
Question: What will David do next?

訳

☆：どこに行くの，デイビッド？
★：プールに行くんだ。
☆：行く前に宿題をしなさい。
★：わかったよ，お母さん。
質問：デイビッドは次に何をするでしょうか。

1 家に帰る。　　**2** 友だちに会う。
3 泳ぎに行く。　　**4** 宿題をする。

解説 〈What will＋主語＋do (next)?〉「(主語)は(次に)何をするのか」という質問です。選択肢はそれぞれ異なる動詞で始まっています。会話の中に出てくる動詞に注意して聞き取りましょう。Do your homework が命令文「〜しなさい」だとわかることが重要です。before はその後の you go〈主語＋動詞〉と結びついて「行く前に」を表します。

解答：**4**

リスニング第2部の聞き取りの手順

① 会話を聞く前に選択肢にざっと目を通しましょう。

② 1度目は，選択肢を見ながら聞き，聞こえてきた言葉にマークを付けましょう。

③ 質問が聞き取れたら，マークを付けた言葉の中から適当なものを選びます。

④ 2度目は，質問のポイントに絞って聞きましょう。

> あ！場所が並んでる！よし，場所に注目して聞こう！
>
> 1 To the park.
> 2 To the zoo.
> 3 To the movies.
> 4 To his friend's house.

会話の中では代名詞 (his, it, them など) だったものが，選択肢では具体的な名前 (John's, a bat, the shoes など) に変わることもよくあるよ。気をつけようね！

　また，選択肢がバラバラで統一感がない場合は，会話全体の話題が問われることがあります。質問の形に慣れておきましょう。

▶ What are they talking about?
「彼らは何について話していますか」

▶ Who are they talking about?
「彼らはだれについて話していますか」

▶ What is ☐'s problem?
「☐ の問題は何ですか」

112

選択肢に2人以上の人物の名前が書かれている場合は，会話をしている2人の名前を混同しないように気をつけましょう。会話中では"Hi, Lisa." "Lisa, hi." 「こんにちは，リサ」のように，呼びかけとして相手の名前を前や後ろに加えることがよくあるので，注意して聞き取るようにしましょう。

例題 をみてみよう！ 🔊 19

──（ 印刷された選択肢 ）──

1 Steve did.　　　　　　　**2** Emily did.

3 Steve's sister did.　　　**4** Emily's sister did.

──（ 放送される対話 ）──

☆：This cake is good! Did you make it, Steve?

★：No, Emily. My sister made it.

☆：Did she make these cookies, too?

★：I made them.

Question: Who made the cookies?

訳

☆：このケーキ，おいしい！　あなたが作ったの，スティーブ？

★：違うよ，エミリー。姉［妹］が作ったんだ。

☆：このクッキーも彼女が作ったの？

★：ぼくが作ったよ。

質問：クッキーを作ったのはだれですか？

1 スティーブが作った。　　　　　**2** エミリーが作った。

3 スティーブの姉［妹］が作った。　**4** エミリーの姉［妹］が作った。

解説 スティーブの発言，My sister made it. の it はケーキを指すので，ケーキを作ったのはスティーブの姉［妹］であることがわかります。Did she make ～, too?「彼女（スティーブの姉［妹]）がクッキーも作ったのか」というエミリーの問いかけに対し，I made them.「ぼく（スティーブ）が作った」と返答していることから正解がわかります。

解答：1

12 日目

リスニング 2

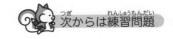
次からは練習問題

113

対話と質問を聞き，その答えとして最も適切なものを**1**，**2**，**3**，**4**の中から一つ選びなさい。

☐ **No. 1**　　**1** She met Tom.
　　　　　　2 She waited for Tom.
　　　　　　3 She had her lunch.
　　　　　　4 She sang a song.

☐ **No. 2**　　**1** $12.　　**2** $18.　　**3** $20.　　**4** $30.

☐ **No. 3**　　**1** A dog.　　**2** A bird.
　　　　　　3 A cat.　　**4** He has no pets.

☐ **No. 4**　　**1** He played soccer all night.
　　　　　　2 He studied all night.
　　　　　　3 He stayed in bed all night.
　　　　　　4 He watched TV all night.

☐ **No. 5**　　**1** Annie's favorite dancer.　　**2** Next Sunday.
　　　　　　3 The dance contest.　　　　**4** John's brother.

☐ **No. 6**　　**1** Chris's mother.
　　　　　　2 Chris's grandmother.
　　　　　　3 Jennie's mother.
　　　　　　4 Jennie's grandmother.

ヒント
No. 1 for an hour：1時間（じかん）　　No. 2 Certainly.：かしこまりました。
No. 3 parents：両親（りょうしん），What kind of 〜？：どんな種類（しゅるい）の〜？
No. 4 look tired：疲（つか）れて見（み）える　　No.5 contest：コンテスト
No. 6 sweater：セーター，near here：この近（ちか）くに

No. 1 解答 2 🔊 20

★：Did you meet Tom at the library, Carol?

☆：No. He didn't come.

★：Did you wait for a long time?

☆：Yes. For an hour.

Question: What did Carol do at the library?

★：図書館でトムに会った，キャロル？

☆：いいえ。彼は来なかったわ。

★：長い間待ったの？

☆：ええ。1時間もよ。

質問：キャロルは図書館で何をしましたか。

1 彼女はトムに会った。　　　**2** 彼女はトムを待った。

3 彼女は昼食を食べた。　　　**4** 彼女は歌を歌った。

解説 選択肢は主語だけがいっしょで，動詞から後は異なっているので，動詞の部分が重要だということがわかります。選択肢では動詞がすべて過去形ですが，疑問文や否定文の中では原形が使われるので，原形の発音も思い出しておきましょう。for an hour「1時間」の発音にも注意しましょう。正解**2**の waited for ～ の原形は wait for ～ で「～を待つ」という意味です。

No. 2 解答 3 🔊 21

★：Excuse me. How much are these T-shirts?

☆：The brown one is 20 dollars and the blue one is 18 dollars.

★：Hmm. Well, I'll take the blue one.

☆：Certainly, sir. Thank you.

Question: How much is the brown T-shirt?

★：すみません。これらのTシャツはいくらですか。

☆：茶色いのは20ドルで，青いのは18ドルです。

★：うーん。じゃあ，青いのをいただきます。

☆：かしこまりました，お客さま。ありがとうございます。

質問：茶色のTシャツはいくらですか。

1 12ドル。　　**2** 18ドル。　　**3** 20ドル。　　**4** 30ドル。

解説 選択肢に金額が並んでいるので，数字に集中して聞きましょう。12と20を混同しないように気をつけます。カタカナで聞き慣れている言葉は英語の音と違う場合が多いので，リスニングでは特に注意が必要です。ここでは，T-shirt や dollar などがそれにあたります。

115

No. 3　解答　1

★：I have a dog at home.

☆：Oh, really?　That's nice.

★：Does your family have any pets?

☆：No.　I want a cat, but my parents don't like animals.

Question: What kind of pet does the boy have?

★：うちには犬が1匹いるんだ。

☆：あら，本当？　いいなあ。

★：君の家族はペットを飼ってるの？

☆：ううん。私は猫がほしいんだけど，うちの両親は動物が好きじゃないの。

質問：男の子はどんな種類のペットを飼っていますか。

1　1匹の犬。　　　　　　　　　　2　1羽の鳥。

3　1匹の猫。　　　　　　　　　　4　彼はペットを飼っていない。

解説　選択肢には動物の名前が3つあります。聞こえてくる動物の名前にマークを付けながら聞きましょう。男の子は会話の最初に I have a dog at home.「家で1匹犬を飼っている」と言っているので，これが決め手になります。

No. 4　解答　4

☆：Are you OK, Andy?　You look tired.

★：Yeah, I didn't sleep last night.

☆：What were you doing?

★：I was watching a soccer game on TV.

Question: Why is the boy tired?

☆：だいじょうぶ，アンディ？　疲れているように見えるけど。

★：ああ，昨夜寝てないんだ。

☆：何をしていたの？

★：テレビでサッカーの試合を見ていたんだ。

質問：男の子はなぜ疲れているのですか。

1　彼は一晩中サッカーをしていた。

2　彼は一晩中勉強していた。

3　彼は一晩中ベッドで寝ていた。

4　彼は一晩中テレビを見ていた。

解説　Why「なぜ」tired「疲れている」のかという質問なので，理由を考えます。会話では「疲れている」←「昨夜寝ていないから」←「テレビでサッカー観戦をしていたから」のように進みますが，選択肢では単純に「一晩中テレビを見ていた」にまとめられていることに注意しましょう。

No. 5 解答 3　　🔊 24

★：Hi, Annie.　We danced in the contest last Sunday.

☆：How did you do?

★：Not good.　We will win next time!

☆：Good luck, John!

Question: What are they talking about?

> ★：やあ，アニー。先週の日曜日，ぼくたちはコンテストで踊ったんだよ。
>
> ☆：どうだった？
>
> ★：いまいちだった。次回は優勝するよ！
>
> ☆：がんばって，ジョン！
>
> 質問：彼らは何について話していますか。
>
> **1** アニーの大好きなダンサー。　　**2** 次の日曜日。
>
> **3** ダンスコンテスト。　　**4** ジョンの兄［弟］。

解説 選択肢はあまり共通項がありません。この場合は全体的な内容や話題が問題になると考えられます。2人が何について話しているのかを把握することに集中しましょう。話題は最初の話者の発言中で述べられています。danced のような動詞の過去形の発音にも慣れておきましょう。

No. 6 解答 2　　🔊 25

☆：Chris, I like your sweater.　It looks warm.

★：Thanks, Jennie.　My grandma made it for me.

☆：Really?　That's nice.　Does she live near here?

★：No, she lives in London.

Question: Who lives in London?

> ☆：クリス，あなたのセーター好きよ。暖かそうね。
>
> ★：ありがとう，ジェニー。おばあちゃんがぼくのために作ってくれたんだ。
>
> ☆：本当？　すてきね。彼女はこの近くに住んでいるの？
>
> ★：ううん，ロンドンに住んでいるんだ。
>
> 質問：ロンドンに住んでいるのはだれですか。
>
> **1** クリスの母親。　　**2** クリスの祖母。
>
> **3** ジェニーの母親。　　**4** ジェニーの祖母。

解説 選択肢には2人の名前に〈's〉「～の」がついたものが並んでいます。会話の中では my や your などで表されるはずです。選択肢の grandmother は，会話の中では grandma と短い形で出てきています。sweater, warm, near here の発音にも気をつけましょう。

文の内容を聞き取る問題

今日の目標

第3部の形式に慣れよう

13日目では，リスニングの第3部を学習します。ここでは，質問の最初の部分を聞き取ることと，選択肢をヒントにしながら，放送されている文章の内容をイメージすることを心がけましょう。

ポイント1
質問の最初の部分に集中して聞き取ろう

第2部は会話でしたが，第3部の話し手は1人です。形式は少々異なりますが，聞き取りの方法は基本的に同じです。選択肢をヒントにしながら放送を聞きましょう。質問は**はじめの疑問詞を聞き取ること**が大事です。最初の部分に意識を集中しましょう。

例題 をみてみよう！

🔊)) 26

印刷された選択肢

1 It was windy.　　　　　　**2** It was too hot.

3 It was raining.　　　　　　**4** It was dark.

放送される英文

Last Sunday, I wanted to go to the zoo, but it was raining. I stayed home all day and read comic books. I made a cake with my mother, too.

Question: Why did the girl stay home on Sunday?

訳　この前の日曜日，私は動物園に行きたかったのですが，雨が降っていました。私は1日中家にいて，マンガ本を読みました。母といっしょにケーキ作りもしました。

質問：なぜ女の子は日曜日に家にいたのですか。

1 風が強かった。　　　　　　　　**2** あまりにも暑かった。

3 雨が降っていた。　　　　　　　　**4** 暗かった。

解説 Why「なぜ」と聞かれたら，理由や原因を答えます。ふつう，関連する文の直前か直後に述べられます。ここでは I stayed home all day「私は1日中家にいた」の前にあります。選択肢はすべて It was ～. の形で，天候や周囲の様子を表す文です。天気の表現に注目して聞くといいでしょう。

解答：**3**

ポイント2　話題をつかもう

人名，地名，数や日付は特にていねいに聞き取りましょう。また，選択肢がすべて〈His または Her ＋もの［こと］〉の形になっていたり，**内容がバラバラだったりする場合は英文全体の話題を選びます**。質問の形に慣れておきましょう。

▶ What is ⬜⬜⬜ talking about?　「⬜⬜⬜ は何について話していますか」

この場合，Question の主語は放送文の話し手に合わせて the girl / the boy / the woman / the man「女の子／男の子／女性／男性」のどれかになります。

また，会話全体の話題を問う質問には次の形もあります。

▶ What is ⬜⬜⬜ 's problem?　「⬜⬜⬜ の問題は何ですか」

例題 をみてみよう！

🔊 27

【印刷された選択肢】

1 His weekend.　　　　　　　**2** His house.
3 His sister.　　　　　　　　**4** His classmate.

【放送される英文】

I had a very bad weekend. My dog ran away on Saturday. I looked around my house but I couldn't find her. I was really sad. I hope she will come back soon.

Question: What is the boy talking about?

ぼくはとてもひどい週末を過ごしました。土曜日にぼくの犬が逃げてしまったのです。家の周りを探しましたが，見つけることができませんでした。ぼくは本当に悲しかったです。すぐに帰ってきてくれることを願っています。

質問：男の子は何について話していますか。

1 彼の週末。 　　　　　　　　　　**2** 彼の家。

3 彼の姉［妹］。 　　　　　　　　**4** 彼の同級生。

解説 選択肢はすべて His で始まっていますが，その後の言葉は人もあればものもあり，バラバラです。そのことから，文全体の話題が問われることが予想できます。英語では，話題は最初の文で提示されることが多いので，集中して聞きましょう。ran は動詞 run の過去形で, run away は「逃げる」という意味です。

解答：1

> 選択肢が4つとも〈主語＋動詞〉で始まっているときは，質問は「話題」ではなく，Why「なぜ」（理由）の場合が多いから区別しよう

ポイント3　放送文の出だしに注意しよう

　第3部の英文はふつう，主語（Iや人名など）で始まり，その人の日常やできごとを語る形式になっています。時を表す言葉（Yesterday や Every day など）がその前に付くこともありますが，基本的に，その人がいつ何をするのか，その人に何が起きたのか，をつかむことが大切です。しかし，中には，例題のようにまったく違う始まり方をするものもあります。

例題 をみてみよう！

🔊 28

（印刷された選択肢）

1 On a plane. 　　　　　　　　　**2** On a train.

3 At a movie theater. 　　　　　　**4** At a department store.

（放送される英文）

Thank you for riding the Crosstown Line. The next stop is Central Park. Please get off here for City Hall. The doors on the left side will open.

Question: Where is the woman talking?

訳 クロスタウン線にご乗車いただき，ありがとうございます。次の停車駅はセントラル・パークです。市役所へはこちらでお降りください。左側のドアが開きます。
質問：女性はどこで話していますか。

1 飛行機の機内で。　　　　　　　　　**2** 電車の車内で。
3 映画館で。　　　　　　　　　　　　**4** デパートで。

解説 冒頭の Thank you for riding ～「～にご乗車いただき，ありがとうございます」から乗り物に関係していること，スピーカーから流れるアナウンスらしいことがわかります。ただし，選択肢の語句はどれも放送文の中では使われていません。stop「停車駅［停留所］」，get off「（乗り物から）降りる」，on the left side「左側の」などをヒントに判断しましょう。　　　　　　　　**解答：2**

このように，一般客に対するアナウンスは始まり方に特徴があります。

① 買い物客に向けて

> Thank you for shopping at ～.
> ～でお買い物をしていただき，ありがとうございます

② 乗客に向けて

> Thank you for riding ～.
> ～にご乗車いただき，ありがとうございます

③ 来客に向けて

> Welcome to ～.
> ～へようこそ

④ 来客・乗客全般に向けて

> Attention, please.
> みなさまにお知らせいたします

質問はたいてい，そのアナウンスが流れている**場所**を問うものです。
→Where is the man [woman] talking?「男性［女性］はどこで話していますか」

上記①の場合は store / supermarket / department store / shop など，②の場合は train / bus などが答えになります。③と④はいろいろな場面で使われる表現なので，他の部分にヒントを探しましょう。
また，Jackson's のように名前の後に付く〈～'s〉は「～の店」を表します。
他にも，電車などのアナウンスのときは，路線名を表す表現で the ～ Line「～線」が使われることがあります。

次からは練習問題

英文と質問を聞き，その答えとして最も適切なものを **1**，**2**，**3**，**4** の中から一つ選びなさい。

☐ **No. 1**　　**1** In February.
　　　　　　　2 In August.
　　　　　　　3 In October.
　　　　　　　4 In December.

☐ **No. 2**　　**1** By plane.
　　　　　　　2 By car.
　　　　　　　3 By bus.
　　　　　　　4 By train.

☐ **No. 3**　　**1** Play basketball.
　　　　　　　2 Study for a test.
　　　　　　　3 Take a test.
　　　　　　　4 Visit his friend's house.

☐ **No. 4**　　**1** Europe.
　　　　　　　2 Paris.
　　　　　　　3 Rome.
　　　　　　　4 London.

☐ **No. 5**　　**1** Her weekend.
　　　　　　　2 Her hobby.
　　　　　　　3 Her new camera.
　　　　　　　4 Her garden.

☐ **No. 6**　　**1** At a toy store.
　　　　　　　2 At a station.
　　　　　　　3 At a supermarket.
　　　　　　　4 At a restaurant.

ヒント　No. 1　fresh seafood：新鮮な魚介類，the Snow Festival：雪祭り　No. 2　airplane：飛行機
No. 4　like ～ the best：～がいちばん好きだ　No. 5　take pictures：写真を撮る
No. 6　Thank you for shopping at ～.：～でお買い物をしていただき，ありがとうございます。

No. 1　解答　4　🔊 29

Steve went skiing in Hokkaido last February.　He stayed there for a week.　He also ate fresh seafood and saw the Snow Festival there.　He really had a great time.　He is going there again next December.

Question: When is Steve going to go to Hokkaido next?

> スティーブはこの前の2月に北海道へスキーに行きました。彼はそこに1週間滞在しました。そこでは新鮮な魚介類を食べたり，雪祭りを見たりもしました。彼は本当にすばらしい時間を過ごしました。彼は次の12月にまたそこに行きます。
>
> **質問**：スティーブは次はいつ北海道へ行く予定ですか。
>
> **1** 2月に。　　**2** 8月に。　　**3** 10月に。　　**4** 12月に。

解説 放送される英文のほとんどは過去の話です。went, stayed, ate, saw, had と動詞の過去形が続きます。ただ，質問は When is Steve going to 〜? と未来の予定についてたずねています。is going there again next 〜 が含まれる最後の文に答えがあります。

No. 2　解答　2　🔊 30

Every summer Jeff visits his grandparents with his family.　They usually go by airplane, but this year they decided to drive there.　It took many hours, and they were very tired.　Jeff wants to go by plane next time.

Question: How did Jeff go to his grandparents' house this year?

> 毎年夏に，ジェフは家族で祖父母を訪ねます。いつもは飛行機で行くのですが，今年は車で行くことにしました。何時間もかかり，彼らはとても疲れました。ジェフは次回は飛行機で行きたいと思っています。
>
> **質問**：今年ジェフはどうやって祖父母の家に行きましたか。
>
> **1** 飛行機で。　　**2** 車で。　　**3** バスで。　　**4** 電車で。

解説 英文の前半は，いつものことについてなので現在形の動詞が使われていますが，but から後は今年したことなので過去形になっています。本文中の drive「運転する」が選択肢では by car「車で」になっていることにも注意しましょう。

No. 3　解答 2　🔊 31

Pete wants to play basketball with his friends. But he's going to have a test tomorrow, so he has to study this afternoon. He will play after school tomorrow.

Question: What will Pete do today?

ピートは友だちとバスケットボールをしたいと思っています。でも，明日テストがあるので，今日の午後は勉強をしなければなりません。彼は明日の放課後に（バスケットボールを）するつもりです。

質問：ピートは今日何をしますか。

1　バスケットボールをする。　　2　テストのための勉強をする。
3　テストを受ける。　　4　友だちの家を訪問する。

解説　主語が I ではないので，現在形の動詞には基本的に -s が付いています。音が変化しても元の動詞がわかるようにしておきましょう。質問中の today は放送文の this afternoon のことで，この文章が語られている時点から見て未来のことになります。

No. 4　解答 3　🔊 32

Last summer, Chris went to Europe with his family. They visited London, Paris and Rome. Chris liked Rome the best, because his favorite food is pizza.

Question: Which city did Chris like the best?

昨年の夏，クリスは家族とヨーロッパに行きました。彼らはロンドンとパリとローマを訪れました。クリスはピザが大好物なので，ローマがいちばん気に入りました。

質問：クリスはどの都市がいちばん気に入りましたか。

1　ヨーロッパ。　　2　パリ。　　3　ローマ。　　4　ロンドン。

解説　地名がいくつも聞こえてきますが，選択肢を見ながら聞けば，おおよその見当はつくでしょう。liked 〜 the best「〜がいちばん気に入った」と言っている部分に出てきた地名が正解です。普段から，カタカナで表される外来語と英語の発音の違いを確認しながら覚えることが大切です。

124

No. 5　解答 2　🔊 33

I like taking pictures. Sometimes, I go to a big park near my house. I take pictures of flowers and birds there. I'll show you some of them when you come to my house next week.

Question: What is the girl talking about?

私は写真を撮るのが好きです。ときどき家の近くの大きな公園へ行きます。私はそこで花や鳥の写真を撮ります。来週あなたが私の家に来たら，いくつか見せてあげますね。
質問：女の子は何について話していますか。

1 彼女の週末。	**2** 彼女の趣味。
3 彼女の新しいカメラ。	**4** 彼女の庭。

解説 選択肢を見ると，すべて Her「彼女の」で始まっていて，その後に続く言葉はいろいろです。このような場合はだいたい，文全体の話題が問われます。最初の文で話題はほぼ決まります。集中して聞くようにしましょう。

No. 6　解答 3　🔊 34

Thank you for shopping at Mark's Market. We are having an early morning sale on Saturdays from 9:00 a.m. to 11:00 a.m. Please come and find fresh eggs, milk and vegetables from the farms.

Question: Where is the woman talking?

マークス・マーケットでお買い物をしていただき，ありがとうございます。毎週土曜日の午前9時から午前11時まで早朝セールを行っております。ぜひお越しになって，農家からの新鮮な卵，牛乳，野菜を見つけてください。
質問：女性はどこで話していますか。

1 おもちゃ屋で。	**2** 駅で。
3 スーパー（マーケット）で。	**4** レストランで。

解説 冒頭の Thank you for shopping at ～ 「～でお買い物をしていただき，ありがとうございます」の部分で，店内の放送であることがわかります。続いて，卵，牛乳，野菜などの言葉が出てきます。選択肢の中から，食材を求める買い物客が訪れる場所を特定しましょう。

14日目 実力完成模擬テスト

1

次の(1)から(15)までの（　　　　）に入れるのに最も適切なものを **1**, **2**, **3**, **4** の中から一つ選び，その番号のマーク欄をぬりつぶしなさい。

---

(1) I won first place in a speech (　　　　). I was very happy.
    1 cake   **2** grade   **3** contest   **4** information

(2) Two red cars (　　　) in front of the post office.
    1 is   **2** were   **3** was   **4** am

(3) Mr. Smith has a (　　　　). Yesterday was his 5th birthday.
    1 son   **2** daughter   **3** husband   **4** grandfather

(4) *A:* My uncle is a (　　　　) actor. He's in a lot of movies.
    B: Wow! I want to meet him.
    1 different   **2** full   **3** famous   **4** high

(5) Lily is going to (　　　) her room.
    1 clean   **2** work   **3** play   **4** stay

(6) *A:* When did you buy your bicycle?
    B: Three years (　　　　).
    1 soon   **2** again   **3** later   **4** ago

(7) *A:* Lucy, where is my camera?
    B: I (　　　) it on the table.
    1 drew   **2** rode   **3** caught   **4** put

解答用紙は巻末の専用マークシートをご利用ください。

解答・解説は140ページから。

(8) I want to (　　　　) friends with all of my classmates.
1 arrive **2** come **3** learn **4** make

(9) *A:* Where does Mr. Tang come (　　　　)?
B: China.
1 for **2** at **3** from **4** on

(10) *A:* Wake up, John! You'll be (　　　　) for school.
B: I'm still sleepy.
1 beautiful **2** quiet **3** late **4** difficult

(11) My father grows many kinds of vegetables. For (　　　　), he is growing potatoes, cabbages and cucumbers now.
1 question **2** subject **3** lesson **4** example

(12) *A:* Do you remember our English teacher Ms. White? I'll see her tomorrow.
B: Is she in Japan now? Please (　　　　) hello to her.
1 make **2** say **3** give **4** speak

(13) *A:* Is this blue bag yours, or your sister's?
B: It's not mine. It's (　　　　).
1 she **2** her **3** hers **4** herself

(14) *A:* (　　　　) ate my cookies?
B: I'm sorry. I did.
1 Why **2** When **3** Who **4** How

(15) I met my old friends yesterday. We enjoyed (　　　　) about our high school days.
1 talk **2** talked **3** to talk **4** talking

2 次の**(16)**から**(20)**までの会話について，（ 　　　　　）に入れるのに最も適切なものを**1**，**2**，**3**，**4**の中から一つ選び，その番号のマーク欄をぬりつぶしなさい。

(16) *Boy:* I went shopping yesterday.

Girl: That's nice. What did you buy?

Boy: (　　　　)

1 At a restaurant. 　　　**2** I was tired.

3 A white shirt. 　　　**4** With my friends.

(17) *Husband:* Do you want to see a movie tonight?

Wife: (　　　　)

1 See you then. 　　　**2** That's all.

3 Yes, we do. 　　　**4** Good idea.

(18) *Boy:* I'm sorry, Susan. I broke your pen.

Girl: (　　　　) It was old.

1 Here it is. 　　　**2** Take care.

3 It's a nice day. 　　　**4** Don't worry.

(19) *Son:* Can I watch TV, Dad?

Father: Sure, Ted, but (　　　　)

1 only for an hour. 　　　**2** thank you.

3 here's yours. 　　　**4** it's my dream.

(20) *Boy 1:* I went to the concert of my favorite jazz band.

Boy 2: That's nice. (　　　　)

Boy 1: It was exciting! I want to go again!

1 What did you buy? 　　　**2** How did you go there?

3 Who did you go with? 　　　**4** How was it?

3
次の(21)から(25)までの日本文の意味を表すように①から⑤までを並べかえて
□ の中に入れなさい。そして，2番目と4番目にくるものの最も適切な組み合
わせを**1**，**2**，**3**，**4**の中から一つ選び，その番号のマーク欄をぬりつぶしなさい。

※ただし，（　　）の中では，文のはじめにくる語も小文字になっています。

---

(21) あなたの新しい学校について教えてください。

（ ①about　②me　③your　④new school　⑤tell ）

Please ☐ ☐2番目 ☐ ☐4番目 ☐ .

1 ②－③　　　**2** ②－①　　　**3** ⑤－③　　　**4** ⑤－④

(22) 今日はやるべきことがたくさんあります。

（ ①to do　②are　③a lot　④things　⑤of ）

There ☐ ☐2番目 ☐ ☐4番目 ☐ today.

1 ②－③　　　**2** ④－①　　　**3** ③－④　　　**4** ①－⑤

(23) このテレビ番組についてどう思いますか。

（ ①you　②think　③do　④of　⑤what ）

☐ ☐2番目 ☐ ☐4番目 ☐ this TV show?

1 ②－⑤　　　**2** ⑤－①　　　**3** ③－④　　　**4** ③－②

(24) 何か飲むものはいかがですか。

（ ①to　②would　③something　④you　⑤like ）

☐ ☐2番目 ☐ ☐4番目 ☐ drink?

1 ③－②　　　**2** ④－③　　　**3** ④－①　　　**4** ②－⑤

(25) エベレスト山は世界で最も高い山です。

（ ①in　②is　③the world　④mountain　⑤the highest ）

Mt. Everest ☐ ☐2番目 ☐ ☐4番目 ☐ .

1 ④－③　　　**2** ③－⑤　　　**3** ①－③　　　**4** ⑤－①

次の掲示の内容に関して，(26)と(27)の質問に対する答えとして最も適切なもの，または文を完成させるのに最も適切なものを1，2，3，4の中から一つ選び，その番号のマーク欄をぬりつぶしなさい。

Garfield Middle School
Mrs. Parker's Math Club

Do you like math?
Join Mrs. Parker's Math Club!

We will meet on Monday and Wednesday from 3:15 to 4:00, and Friday from 3:30 to 5:00. We will meet and work on math problems. Mrs. Parker can help you with your math homework, too. There will be a math contest with other schools every Friday.

Come to Mrs. Parker's room, H-2.
If you have any questions, call 555-1234.

(26) What time will the math club start on Wednesday?
    1 3:15.
    2 3:30.
    3 4:00.
    4 5:00.

(27) On Friday, the members will
    1 clean Mrs. Parker's room.
    2 have a contest.
    3 have a party.
    4 stay home.

次のＥメールの内容に関して，**(28)**から**(30)**までの質問に対する答えとして最も適切なもの，または文を完成させるのに最も適切なものを**1**，**2**，**3**，**4**の中から一つ選び，その番号のマーク欄をぬりつぶしなさい。

From: Maya Adams
To: Elena Martinez
Date: October 15
Subject: Monday

- -

Hi, Elena,

How are you doing? I couldn't go to school on Friday because I was sick. I was in bed all day. What time is the soccer club practice next Monday? Also, do we have homework in Mr. Wilson's class? I am feeling better today. Let's walk to school together on Monday morning. Please meet me at my house at 7:30.

Write back soon,

Maya

From: Elena Martinez
To: Maya Adams
Date: October 15
Subject: Re: Monday

- -

Hey, Maya,

I'm happy you feel better now. I will see you on Monday morning. Soccer practice is at 3 o'clock on Monday afternoon. After that, we will have a meeting at 4:30 in the soccer club room. We have to read from page 25 to 33 in the textbook for Mr. Wilson's class.

Let's have ice cream after the meeting on Monday. There is a new ice cream shop next to the bank. I will buy you an ice cream cone!

Your friend,

Elena

(28) Why didn't Maya go to school on Friday?

    1 She was sleepy.

    2 She went to a soccer game.

    3 She was sick.

    4 She went on a trip.

(29) What time is the soccer club meeting on Monday?

    1 7:30 a.m.

    2 3:00 p.m.

    3 3:30 p.m.

    4 4:30 p.m.

(30) On Monday, Elena wants to

    1 go to the bank.

    2 finish her homework early.

    3 eat ice cream.

    4 read a book.

次の英文の内容に関して，(31)から(35)までの質問に対する答えとして最も適切なもの，または文を完成させるのに最も適切なものを**1**，**2**，**3**，**4**の中から一つ選び，その番号のマーク欄をぬりつぶしなさい。

Olivia Goes to Tokyo

Olivia is 14 years old. She lives in the United States. Last spring, she visited Tokyo with her family. Her father visited Tokyo three years ago, but it was Olivia's first time there. They arrived on Sunday.

The next day, Olivia and her family went to a famous tower. From the top of the tower, Olivia could see Mt. Fuji, so she was excited. On the other days, Olivia and her family went to a zoo, a museum, a large park and many other popular places.

Olivia and her family also went to a sushi restaurant. They ate delicious sushi for lunch. Olivia knew some Japanese words, so she talked to a waiter. He smiled and said, "You speak Japanese well." Olivia felt happy.

On the last day, Olivia and her family took a bus to the airport. At the airport bookstore, Olivia bought a Japanese textbook. Olivia wants to work in Tokyo when she grows up, so she is using the textbook to study Japanese.

(31) When did Olivia visit Tokyo?
    1 Three years ago.
    2 Five days ago.
    3 Last spring.
    4 Yesterday.

(32) Where did Olivia's family go on the second day?
    1 To a famous tower.
    2 To a popular restaurant.
    3 To a museum.
    4 To a bookstore.

(33) What did Olivia see from the tower?
    1 An airplane.
    2 A bus stop.
    3 A famous mountain.
    4 A big park.

(34) At the restaurant, Olivia was happy because
    1 she ate a nice dinner.
    2 she could speak Japanese.
    3 she made a new friend.
    4 she saw a famous singer.

(35) How did Olivia's family get to the airport on the last day?
    1 By train.
    2 By car.
    3 By bus.
    4 By plane.

4級リスニングテストについて

1　このテストには，第1部から第3部まであります。
　☆英文は二度放送されます。
　第1部：イラストを参考にしながら対話と応答を聞き，最も適切な応答を **1**, **2**, **3** の中から一つ選びなさい。
　第2部：対話と質問を聞き，その答えとして最も適切なものを **1**, **2**, **3**, **4** の中から一つ選びなさい。
　第3部：英文と質問を聞き，その答えとして最も適切なものを **1**, **2**, **3**, **4** の中から一つ選びなさい。
2　**No. 30** の後，10秒すると試験終了の合図がありますので，筆記用具を置いてください。

リスニング第1部 🔊 35〜45

No. 1

No. 2

No. 3

No. 4

No. 5

No. 6

No. 7

No. 8

No. 9

No. 10

No. 11　**1** At a station.　　　　**2** At a café.
　　　　　3 At a hospital.　　　　**4** At a post office.

No. 12　**1** He forgot his homework.
　　　　　2 He doesn't have money.
　　　　　3 He can't come to school tomorrow.
　　　　　4 He has a cold.

No. 13　**1** Spaghetti.　　　　　**2** Hamburgers.
　　　　　3 Sandwiches.　　　　**4** Pizza.

No. 14　**1** Mari.　　　　　　**2** Greg.
　　　　　3 Greg's grandmother.　**4** Greg's aunt.

No. 15　**1** Eat cake.　　　　　**2** Do homework.
　　　　　3 Take a shower.　　　**4** Water the flowers.

No. 16　**1** She didn't feel well.　**2** She had a meeting.
　　　　　3 She was busy.　　　**4** She was tired.

No. 17　**1** Every week.　　　　**2** Twice a month.
　　　　　3 Every month.　　　　**4** Every year.

No. 18　**1** In Australia.　　　　**2** In France.
　　　　　3 In Spain.　　　　　**4** In Italy.

No. 19　**1** On Tuesday.　　　　**2** On Wednesday.
　　　　　3 On Thursday.　　　　**4** On Friday.

No. 20　**1** By train.　　　　　**2** By airplane.
　　　　　3 By bike.　　　　　**4** By car.

No. 21　**1** Her school trip.　　　　**2** A science museum.
　　　　　　3 Her teacher.　　　　　　**4** An art lesson.

No. 22　**1** She was sick.　　　　　　**2** She broke her leg.
　　　　　　3 She visited her friend.　　**4** She works there.

No. 23　**1** He plays soccer.　　　　　**2** He watches sports on TV.
　　　　　　3 He studies with his brother.　**4** He plays basketball.

No. 24　**1** On Mondays.　　　　　　**2** On Wednesdays.
　　　　　　3 On Thursdays.　　　　　**4** On Fridays.

No. 25　**1** At Yuko's house.　　　　**2** At the bookstore.
　　　　　　3 At the train station.　　　**4** At Kate's house.

No. 26　**1** He went to the beach.　　**2** He caught some fish.
　　　　　　3 He went to the hospital.　**4** He made some ice cream.

No. 27　**1** For 5 minutes.　　　　　**2** For 30 minutes.
　　　　　　3 For 3 hours.　　　　　　**4** For 3 days.

No. 28　**1** Claire is.　　　　　　　**2** Paul is.
　　　　　　3 Claire's brother is.　　　**4** Paul's brother is.

No. 29　**1** He goes to school.　　　　**2** He goes to the art museum.
　　　　　　3 He visits a famous artist.　**4** He goes to the park.

No. 30　**1** On a bus.　　　　　　　**2** On a plane.
　　　　　　3 At an airport.　　　　　**4** At a train station.

14
日目

実力完成模擬テスト

実力完成模擬テスト 解答一覧

正解を赤で示しています（実際の試験ではHBの黒鉛筆またはシャープペンシルを使用してください）。

解 答 欄

問題番号		1	2	3	4
1	(1)			③	
	(2)		②		
	(3)	①			
	(4)			③	
	(5)	①			
	(6)				④
	(7)				④
	(8)				④
	(9)			③	
	(10)			③	
	(11)				④
	(12)		②		
	(13)			③	
	(14)			③	
	(15)				④

解 答 欄

問題番号		1	2	3	4
2	(16)			③	
	(17)				④
	(18)				④
	(19)	①			
	(20)				④
3	(21)	①			
	(22)				④
	(23)				④
	(24)		②		
	(25)				④
4	(26)	①			
	(27)		②		
	(28)		②		
	(29)				④
	(30)			③	
	(31)			③	
	(32)	①			
	(33)				④
	(34)		②		
	(35)			③	

リスニング解答欄

	問題番号	1	2	3	4
第1部	No. 1		②	③	
	No. 2		②		
	No. 3	①			
	No. 4			③	
	No. 5	①			
	No. 6		②		
	No. 7	①			
	No. 8	①			
	No. 9		②		
	No. 10	①			
第2部	No. 11		②		
	No. 12	①			
	No. 13			③	
	No. 14			③	
	No. 15				④
	No. 16	①			
	No. 17			③	
	No. 18		②		
	No. 19		②		
	No. 20				④
第3部	No. 21	①			
	No. 22			③	
	No. 23				④
	No. 24		②		
	No. 25		②		
	No. 26	①			
	No. 27		②		
	No. 28	①			
	No. 29				④
	No. 30		②		

間違えた問題は，141ページからの解説をじっくりと読んで復習しよう！

筆記1

(1) 解答 **3**

私はスピーチ・コンテストで1位になりました。とてもうれしかったです。

1 ケーキ   **2** 学年，成績の点数

3 コンテスト   **4** 情報

解説 won は win「〜を勝ち取る」の過去形です。win first place in 〜 で「〜で1位になる」を表します。勝ち負けが判定される場面として，選択肢の中から contest を選びます。

(2) 解答 **2**

郵便局の前に赤い車が2台あった。

解説 選択肢はすべてbe動詞の変化した形です。主語が複数形なので，それに合うのは were のみです。現在形なら are になります。in front of 〜 は「〜の前に」を意味する熟語です。

(3) 解答 **1**

スミスさんには息子がいます。昨日は彼の5回目の誕生日でした。

1 息子   **2** 娘   **3** 夫   **4** 祖父

解説 2文目の his「彼の」5th birthday「5回目の誕生日」から，それが「5歳の男の子」のことだとわかります。選択肢はすべて家族に関係のある言葉です。この他にも，wife「妻」，parent「親」，uncle「おじ」，aunt「おば」などもよく出題されるのでいっしょに覚えておきましょう。

(4) 解答 **3**

A: 私のおじは有名な俳優なの。たくさんの映画に出演しているのよ。

B: へえー！　彼に会ってみたいな。

1 異なった   **2** いっぱいの   **3** 有名な   **4** 高い

解説 uncle は「おじ」，actor は「俳優」，movie は「映画」のことです。He's in a lot of movies. で「彼はたくさんの映画の中にいる→彼はたくさんの映画に出ている」の意味を表します。内容として最適な famous「有名な」を選びます。

(5) 解答 **1**

リリーは自分の部屋を掃除する予定です。

1 〜を掃除する   **2** 働く   **3** 遊ぶ   **4** 滞在する

解説 （　　　）の直後に目的語 her room があるので，「彼女[自分]の部屋を〜する」の意味になります。それにふさわしい動詞は clean「〜を掃除する」のみです。

(6) 解答 4

A: あなたはいつ自転車を買ったの？
B: 3年前だよ。

1 まもなく　　　**2** また，再び　　　**3** 後で　　　**4** 〜前に

解説 「いつ〜したのか」と過去のことをたずねられて，「〜前に」と答えるときの表現です。英語でも日本語と同じ語順で〈期間の長さ＋ago〉で表します。「1年前」は last year と言うこともできます。

(7) 解答 4

A: ルーシー，ぼくのカメラはどこにあるの？
B: テーブルの上に置いたわよ。

1 〜を描いた　　**2** 〜に乗った　　**3** 〜をつかまえた　　**4** 〜を置いた

解説 it「それ」は A の my camera を指しています。「どこにあるのか」と聞かれて，「私はそれをテーブルの上に〜した」と言っている場面です。選択肢はすべて過去形ですが，put は現在形も過去形も同じ形です。動詞を学ぶときは，過去形とその読み方もいっしょに覚えるようにしましょう。

(8) 解答 4

私はクラスメートの全員と友だちになりたいと思います。

1 着く
2 来る
3 学ぶ
4 （make friends with 〜で）〜と友だちになる

解説 （　　　）friends with 〜 の形で熟語になる言葉は，2つ考えられます。become と make で，どちらも「〜と友だちになる」の意味になります。選択肢の中にあるほうを選びます。

(9) 解答 3

A: タンさんはどこの出身ですか。
B: 中国です。

1 〜のために　　**2** 〜で　　　**3** 〜から　　　**4** 〜の上に

解説 from は「〜から」の意味で起点や出発点を表しますが，come あるいは be 動詞の後に置くと「〜出身である」の意味になります。この場合，動詞を現在形で使うことも覚えておきましょう。

(10) 解答 3

A: 起きて，ジョン！　学校に遅れるわ。
B: ぼくはまだ眠いよ。

1 美しい

2 静かな

3 （be late for 〜で）〜に遅れる

4 難しい

解説 late は「遅い」で，be late for 〜で「〜に遅れる」という意味になります。Wake up!「目を覚ましなさい！」は眠っている人を起こすときに言います。still は「まだ」という意味です。

(11) 解答 4

私の父はいろいろな種類の野菜を栽培しています。例えば，今はジャガイモとキャベツとキュウリを育てています。

1 質問

2 教科，話題

3 レッスン

4 （for example で）例えば

解説 example は「例」という意味ですが，for example の組み合わせで「例えば」という表現になります。many kinds of 〜「たくさんの種類の〜」もいっしょに覚えておきましょう。

(12) 解答 2

A: 私たちの英語の先生だったホワイト先生を覚えてる？　明日彼女に会うの。
B: 彼女は今日本にいるの？　彼女によろしく伝えてね。

1 〜を作る

2 （say hello to 〜で）〜によろしく言う

3 〜を与える

4 （〜を）話す

解説 say は本来「〜を言う」という意味ですが，say hello to 〜「〜にこんにちはと言う」の形になると，日本語の「〜によろしく言う」という意味を表します。

(13) 解答 3

A: この青いかばんはあなたの，それともあなたのお姉［妹］さんの？
B: それは私のではないわ。それは彼女のものよ。

1 彼女は

2 彼女の［を／に］

3 彼女のもの

4 彼女自身

解説 B が It's not mine.「それは私のものではない」と言っているので，（　　　）に my sister's「私の姉［妹］のもの」と同じ意味になる，「彼女のもの」を表す単語を入れます。

143

(14) 解答 3

A: だれが私のクッキーを食べたの？

B: ごめんなさい，私が食べたの。

1 なぜ　　　　　　　**2** いつ　　　　　　　**3** だれが　　　　　　　**4** どのように

解説 （　　　）の後には動詞 ate「食べた（eatの過去形）」がありますが，主語がありません。こういう疑問文は主語をたずねる疑問詞（「だれが」なら Who，「何が」なら What）で始めます。***B*** は I ate them と言うかわりに I did「私がしました」と言っています。

(15) 解答 4

昨日私は昔からの友だちに会いました。私たちは高校時代について話すのを楽しみました。

解説 「〜すること」を表すには，動名詞〈動詞の〜ing形〉と不定詞〈to＋動詞の原形〉の２つの方法がありますが，enjoyの後には動名詞しか続けられません。high school days は「高校時代」です。

筆記2

(16) 解答 3

男の子: ぼくは昨日買い物に行ったんだ。

女の子: いいわね。何を買ったの？

男の子: 白いシャツだよ。

1 レストランで。　　　　　　　　　　　**2** ぼくは疲れたよ。

3 白いシャツ。　　　　　　　　　　　　**4** 友人たちといっしょに。

解説 What「何」と聞かれたら，「物」について答えます。ここでは買った物が何なのか聞かれているので，A white shirt.「白いシャツ」が正解です。

(17) 解答 4

夫: 今夜映画を見ない？

妻: いい考えね。

1 じゃあ，またね。　　　　　　　　　　**2** それで全部よ。

3 ええ，私たちはするわ。　　　　　　　**4** いい考えね。

解説 Do you want to 〜?「あなたは〜したいですか」は相手に「（いっしょに）〜しない？」と誘うときによく使う表現です。賛成するときは，(That's a) Good [Great] idea. や Sounds good [great]. などと言い，断るときは，Sorry, I don't want to. や I don't have time. と言います。

(18) 解答 4

男の子: ごめん，スーザン。君のペンをこわしちゃった。
女の子: 気にしないで。それ，古かったの。

1 ここにあるわ。
2 気をつけてね。
3 すてきな日ね。
4 気にしないで。

解説 直前の I broke your pen. ではなく，その前の I'm sorry に対する応答が入ることに気をつけましょう。「気にしないで」という意味の表現を選びます。worry「心配する」の前に Don't がついた「心配しないで，気にしないで」が正解です。

(19) 解答 1

息子: テレビを見てもいい，お父さん？
父親: いいよ，テッド，でも1時間だけだよ。

1 1時間だけだよ。
2 ありがとう。
3 君のはここにあるよ。
4 それが私の夢だ。

解説 Can I ～? 「～してもいいですか」と聞かれて，Sure と言いつつ，but ... 「いいけど…」と続けています。この後，何らかの条件「～なら（いいですよ）」が続くのが自然な話の流れでしょう。

(20) 解答 4

男の子1: 大好きなジャズバンドのコンサートに行ってきたんだ。
男の子2: いいなあ。どうだった？
男の子1: わくわくしたよ！ また行きたいな！

1 何を買ったの？
2 どうやってそこへ行ったの？
3 だれと行ったの？
4 どうだった？

解説 選択肢はすべて疑問文なので，それに対する返答に注目します。ここでは，*Boy 1* が It was exciting!「（それは）わくわくした」と答えています。It は the concert のことで，exciting は「わくわくさせる，興奮させる」という意味です。

筆記3

(21) 解答 1

正しい語順▶ Please (tell **me** about **your** new school).

解説 日本語では「教える」となっていますが，動詞は tell「話す」を使います。tell は「～に」か「～を」が必ずその後に続くので，ここでは「私に話してください」の形にします。その後に about「～について」を置いてから「あなたの新しい学校」を続けます。

(22) 解答 3

正しい語順▶　There (are **a lot of** **things** to do) today.

解説　「〜がある［いる］」は〈There is [are] 〜〉の形で表します。ここでは「たくさん」と複数形になるので There are 〜 となります。その後に，a lot of 〜「たくさんの」，things to do「やるべきこと」の順に並べます。

(23) 解答 4

正しい語順▶　(What **do** you **think** of) this TV show?

解説　まず疑問詞から始め，その後，ふつうの疑問文の語順で do you think と続けます。「〜について」はここでは of を使用しますが，同じ意味を about で表すこともあります。日本語では「どう思う」と言いますが，英語では <u>What do you think 〜?</u> になることに気をつけましょう。

(24) 解答 2

正しい語順▶　(Would **you** like **something** to) drink?

解説　Would you like 〜? は「〜はいかがですか」とていねいにすすめるときの表現です。ここでの drink は動詞「飲む」の原形で，to drink と不定詞にして「飲むための」を something の後に続けます。

(25) 解答 4

正しい語順▶　Mt. Everest (is **the highest** mountain **in** the world).

解説　「最も［いちばん］〜な」は〈the＋形容詞の最上級（-est）〉で表します。high「高い」の最上級は highest です。「世界で」は mountain の後に置きます。山の名前は Mt. 〜「〜山」で表します。

筆記4A

ガーフィールド・ミドル・スクール
パーカー先生の数学クラブ

数学は好きですか。
パーカー先生の数学クラブに参加しましょう！
私たちは月曜日と水曜日の3時15分から4時までと，金曜日の3時半から5時まで集まります。集まって，数学の問題に取り組みます。パーカー先生があなたの数学の宿題も手伝ってくれます。毎週金曜日には他校との数学コンテストが開かれる予定です。
パーカー先生の部屋，H-2に来てください。
質問がある場合は，555-1234に電話してください。

数学クラブは水曜日には何時に始まりますか。

1 3時15分。　　**2** 3時半。　　**3** 4時。　　**4** 5時。

解説 活動の詳細が書かれている部分に，まず月曜と水曜の予定があります。ここでは，from A to B「AからBまで」の部分に時間が書かれています。Aが開始時刻にあたります。

金曜日に，部員たちは

1 パーカー先生の部屋を掃除する。　　**2** コンテストを行う。

3 パーティーを開く。　　**4** 家にいる。

解説 文が不完全な形で途切れている場合は，その後に続く部分を選んで本文の内容に合った文を完成させます。掲示には，Friday「金曜日」について2回書かれています。1つ目は活動時間，2つ目は every Friday「毎週金曜日」に行われる math contest「数学コンテスト」についてです。本文の There will be が There is の未来形であることに気づくことも大切です。

筆記4B

差出人：マヤ・アダムズ
あて先：エレーナ・マルティネス
日付：10月15日
件名：月曜日

- -

こんにちは，エレーナ，
元気にしてる？　金曜日は具合が悪くて学校に行けなかったんだ。1日中ベッドで寝ていた。次の月曜日のサッカー部の練習は何時？　それと，ウィルソン先生の授業では宿題がある？　今日は気分がよくなったよ。月曜日の朝はいっしょに学校に歩いていこう。7時半に私の家に会いに来てね。
すぐに返事ください，
マヤ

差出人：エレーナ・マルティネス
あて先：マヤ・アダムズ
日付：10月15日
件名：返信：月曜日

- -

やあ，マヤ，

あなたが今は具合がよくなってうれしい。月曜日の朝に会おうね。サッカーの練習は月曜日の午後3時だよ。その後，4時半にサッカー部の部室でミーティングがあるよ。私たちはウィルソン先生の授業のために，教科書の25ページから33ページまでを読まなければならないよ。

月曜日のミーティングの後，アイスクリームを食べようよ。銀行のとなりに新しいアイスクリーム店があるんだ。アイスクリーム・コーンをおごってあげる！

あなたの友だち，

エレーナ

(28) 解答 3

なぜマヤは金曜日に学校に行かなかったのですか。
1 彼女は眠かった。
2 彼女はサッカーの試合に行った。
3 彼女は具合が悪かった。
4 彼女は旅行に行った。

解説 1通目のマヤのメールのはじめに，「金曜日に学校に行けなかった，なぜなら～」とあります。because にはその後に I was sick「病気だった」という文が続きますが，それが Why? に対する答えになります。

(29) 解答 4

月曜日のサッカー部のミーティングは何時ですか。
1 午前7時半。
2 午後3時。
3 午後3時半。
4 午後4時半。

解説 ここからはエレーナからの返信に注目しましょう。3文目と4文目に時刻が出てきます。質問は meeting「ミーティング」についてなので，4文目に書かれている時刻に注目します。

(30) 解答 3

月曜日に，エレーナがしたいのは
1 銀行に行くこと。　　　　　　　　**2** 宿題を早く終わらせること。
3 アイスクリームを食べること。　　**4** 本を読むこと。

解説 エレーナからのメールは全体的に月曜日についてですが，質問にある want to という表現は使われていません。ただ，後半で Let's have ice cream「アイスクリームを食べよう」とマヤを誘っていることから，彼女のしたいことがわかります。

オリビア東京に行く

オリビアは14歳です。アメリカに住んでいます。この前の春, 彼女は家族といっしょに東京を訪れました。彼女の父親は3年前に東京を訪れましたが, オリビアはそこははじめてでした。彼らは日曜日に到着しました。

次の日, オリビアと家族は有名なタワーに行きました。タワーの上から, 富士山を見ることができて, オリビアはわくわくしました。他の日には, オリビアと家族は動物園, 博物館 [美術館], 大きな公園, そしてその他のたくさんの人気のある場所に行きました。

オリビアと家族はすし屋にも行きました。彼らは昼食においしいすしを食べました。オリビアは日本語の言葉をいくつか知っていたので, ウェイターに話しかけました。彼はほほ笑んで, 「日本語がじょうずですね」と言いました。オリビアはうれしい気持ちになりました。

最終日, オリビアと家族は空港までバスに乗りました。空港の書店で, オリビアは日本語の教科書を買いました。オリビアは大人になったら東京で働きたいと思っているので, 日本語を勉強するためにその教科書を使っています。

(31) 解答 3

オリビアはいつ東京を訪れましたか。
1 3年前。
2 5日前。
3 この前の春。
4 昨日。

解説 3文目に she visited Tokyo「彼女は東京を訪れた」という文があります。英語では, いつのことかを表す言葉は, ふつう文の最初か最後に置かれます。ここでは文頭にある Last spring がそれにあたります。last は「この前の」を表します。

(32) 解答 1

オリビアの家族は2日目にどこに行きましたか。
1 有名なタワーに。
2 人気のあるレストランに。
3 博物館 [美術館] に。
4 書店に。

解説 本文の中には the second day という言葉は出てきません。第1段落の最後に, They arrived on Sunday「彼らは日曜日に到着した」とあり, 第2段落の最初に, The next day「次の日」とあるので, これ以降で2日目にしたことが述べられているとわかります。この日にしたことは1つしか書かれていません。他のことはすべて On the other days「他の日に」したことになります。

(33) 解答 3

オリビアはタワーから何を見ましたか。
1 飛行機。
2 バス停。
3 有名な山。
4 大きな公園。

解説 本文には From the top of the tower, Olivia could see Mt. Fuji「タワーの上から，オリビアは富士山を見ることができた」と書かれていますが，選択肢では Mt. Fuji を A famous mountain「有名な山」と言いかえていることに注意しましょう。

(34) 解答 2

レストランで，オリビアは幸せでした，なぜなら
1 彼女はおいしい夕食を食べたから。
2 彼女は日本語を話すことができたから。
3 彼女は新しい友だちができたから。
4 彼女は有名な歌手を見かけたから。

解説 restaurant「レストラン」と happy「幸せな」という言葉をヒントに答えを含む文を探します。Olivia felt happy.「オリビアはうれしい気持ちになった」という文の前にその理由が書かれています。このように，because や so という言葉がない場合も，前後に理由が述べられていることが多いのです。

(35) 解答 3

最終日，オリビアの家族はどのようにして空港に行きましたか。
1 電車で。
2 車で。
3 バスで。
4 飛行機で。

解説 質問の最後に on the last day とあるので，同じ語句で始まる本文の最後の段落に注目します。〈get to ＋場所〉は「（場所）に着く，（場所）に行く」を表します。How は「どのように[な]」の意味で，ここでは交通手段をたずねています。本文の took a bus「バスに乗った」を，選択肢では By bus.「バスで」と表しています。

No. 1 　解答 2　　🔊 36

☆：Hello?

★：Hi, it's Grandpa. Can I speak to your mom?

☆：Sorry, Grandpa, she's not home.

1 Nice to meet you.

2 OK, I'll call back later.

3 You look happy.

> ☆：もしもし。
> ★：やあ，おじいちゃんだよ。お母さんと話せるかな？
> ☆：ごめんなさい，おじいちゃん，お母さんは留守なの。
> **1** はじめまして。
> **2** わかった，後でかけ直すよ。
> **3** 君はうれしそうだね。

解説 基本的な電話での会話です。Hello?「もしもし」，Can I speak to ～?「～と話せますか［～はいらっしゃいますか］」，I'll call back later.「後でかけ直します」はどれも電話でよく使われる表現です。call back のかわりに call again と言うこともあります。

No. 2 　解答 2　　🔊 37

★：It was my birthday last week.

☆：Happy birthday! Did you get a present?

★：I got a new computer.

1 I love music.

2 That's wonderful!

3 No, thanks.

> ★：先週ぼくの誕生日だったんだ。
> ☆：誕生日おめでとう！　プレゼントはもらった？
> ★：新しいコンピューターをもらったよ。
> **1** 私は音楽が大好きなの。
> **2** それはすばらしい！
> **3** いいえ，けっこうです。

解説 男の子の最後の発言は質問ではありません。そのようなときは，会話の内容に合わせて適切な応答を選びます。ここでは「誕生日プレゼントにコンピューターをもらった」ことについての素直な感想を言うのが自然でしょう。

No. 3　解答 1　　◀)) 38

★：One ticket, please.

☆：That will be eight dollars.

★：Here you are.

1　Enjoy the movie.

2　I'll have one.

3　At the post office.

> ★：チケットを1枚ください。
>
> ☆：8ドルになります。
>
> ★：はい，どうぞ。
>
> **1**　映画をお楽しみください。
>
> **2**　1ついただきます。
>
> **3**　郵便局で。

解説 チケット売り場での会話です。〈That will be＋値段〉で「(値段)になります」を表します。Here you are. は相手に何かを差し出すときの表現です。ここでは料金を手渡しています。Enjoy ～「～をお楽しみください」は客に対してとてもよく使われる言い方です。

No. 4　解答 3　　◀)) 39

☆：I'm going to the supermarket.

★：Can you buy some carrots?

☆：Sure, how many do you want?

1　Four minutes.

2　Six dollars.

3　Three, please.

> ☆：スーパー（マーケット）に行ってくるわね。
>
> ★：ニンジンをいくつか買ってきてくれる？
>
> ☆：いいわよ，いくつほしい？
>
> **1**　4分。
>
> **2**　6ドル。
>
> **3**　3本，お願い。

解説 how many carrots do you want? の carrots「ニンジン」が省略されています。返事も Three (carrots), please. と carrots 抜きで答えています。会話ではお互いにわかっていることは省略することがよくあります。自分で補足しながら聞くことが大切です。

No. 5 解答 1 🔊 40

☆ : Michael, can you help me?

★ : What is it?

☆ : Will you carry this bag for me?

1 Sure, no problem.

2 Have a nice trip.

3 That's kind of you.

> ☆：マイケル，手伝ってくれない？
>
> ★：どうしたの？
>
> ☆：このかばんを私のために運んでくれない？
>
> **1** うん，かまわないよ。
>
> **2** よい旅を。
>
> **3** 親切にありがとう。

解説 Will [Can] you ～? は「～してくれませんか」と頼むときの表現です。for me は「私のために [私のかわりに]」という意味です。What is it? の it は「私にしてほしいこと」つまり「用件」を指しています。引き受けるときは Sure. / No problem. / All right. などと答えます。

No. 6 解答 3 🔊 41

★ : What did you do today, Diana?

☆ : I played soccer with my friends, Dad.

★ : Where did you play?

1 I'm good at soccer.

2 After school.

3 At the park.

> ★：今日は何をしたの，ダイアナ？
>
> ☆：友だちとサッカーをしたよ，パパ。
>
> ★：どこでしたの？
>
> **1** 私はサッカーが得意なの。
>
> **2** 放課後よ。
>
> **3** 公園でよ。

解説 父親は Where「どこで」と場所をたずねているので，At the park.「公園で」を選びましょう。after school は「放課後」の意味で，時間を表す表現の１つです。I'm good at ～ は「私は～が得意 [じょうず] です」という熟語表現です。

No. 7　解答　1 　🔊)) 42

★：Excuse me.

☆：Yes?

★：Is there a bank near here?

1 It's over there.

2 Good luck.

3 Yes, it's mine.

> ★：すみません。
> ☆：何でしょう？
> ★：この近くに銀行はありますか。
> **1** あそこにあります。
> **2** 幸運を祈っています［がんばってください］。
> **3** ええ，それは私のものです。

解説 Is there ～? は「～はありますか［いますか］」という意味です。「この近くに」は near here
「ここの近くに」の形で表します。「あそこ」は there だけでも表せますが，指をさしながら「ほら，
あそこ」と言うときは over there と言うのがふつうです。

No. 8　解答　1 　🔊)) 43

☆：Let's go to the pool tomorrow.

★：Sorry, I can't swim.

☆：How about going to the museum, then?

1 That's a good idea.

2 I'm from Canada.

3 I'm not hungry.

> ☆：明日プールに行きましょう。
> ★：ごめん，ぼく泳げないんだ。
> ☆：それなら，博物館［美術館］に行くのはどう？
> **1** それはいい考えだね。
> **2** ぼくはカナダ出身だよ。
> **3** ぼくはお腹がすいてないよ。

解説 How about ～ing? は「～するのはどうですか」と提案するときの表現です。同意するとき
は (That's a) Good idea. や (That) Sounds good. などと答えます。文の最後の ..., then は「それ
なら」「じゃあ」にあたる言葉で，文のはじめに置くこともできます。

No. 9　解答 2　🔊 44

★：Are you going home now?

☆：No, I'm going to the movies.

★：Who are you going with?

1 It's mine.

2 No one.

3 You're welcome.

★：今から家に帰るの？

☆：いいえ，映画を見に行くの。

★：だれと行くんだい？

1 それは私のものよ。

2 だれとも（行かないわ）。

3 どういたしまして。

解説 「（人）といっしょに」は〈with＋人〉で表しますが，「だれといっしょに？」とたずねるときは Who だけを前に出して with を文の最後に残します。No one. は「だれも［1人も］〜ない」という意味で，ここでは with no one「だれもいっしょではない」つまり「自分1人で」の意味になります。

No. 10　解答 1　🔊 45

☆：Can I help you?

★：Ten stamps and five postcards, please.

☆：OK.　Anything else?

1 That's all.

2 I'd love to.

3 It's ten dollars.

☆：お手伝いいたしましょうか。

★：切手を10枚とはがきを5枚，お願いします。

☆：わかりました。他には何か？

1 それで全部です。

2 ぜひしたいです。

3 10ドルになります。

解説 Can I help you? は May I help you? とほぼ同じで，日本語の「いらっしゃいませ」に相当します。Anything else?「他には何か（要りますか）？」と聞かれたときの応答を選びます。That's all. は「それで全部です（＝それだけです）」の意味で，That's it. とも言います。

14
日目

実力完成模擬テスト

No. 11 解答 2 🔊 47

★：Good morning, madam.

☆：Hi. I'd like some eggs and toast.

★：All right. Would you like anything to drink?

☆：A cup of tea, please.

Question: Where are they speaking?

★：おはようございます，お客さま。

☆：おはよう。卵とトーストをいただけますか。

★：わかりました。何かお飲み物はいかがですか。

☆：紅茶を1杯，お願いします。

質問：彼らはどこで話していますか。

1 駅で。

2 カフェで。

3 病院で。

4 郵便局で。

解説 選択肢はすべて場所を表しています。会話中のヒントとなる言葉を聞き逃さないようにしましょう。女性が食べ物や飲み物を注文していることから正解がわかります。madam は女性に対するていねいな呼びかけで，男性には sir と言います。

No. 12 解答 1 🔊 48

☆：William, where's your homework?

★：I'm sorry, Ms. Rogers. It's at home.

☆：Please bring it to school tomorrow.

★：I will.

Question: What is William's problem?

☆：ウィリアム，あなたの宿題はどこにありますか。

★：ごめんなさい，ロジャーズ先生。家にあります。

☆：明日学校に持ってきてくださいね。

★：そうします。

質問：ウィリアムの問題は何ですか。

1 彼は宿題を忘れた。

2 彼はお金を持っていない。

3 彼は明日学校に来られない。

4 彼は風邪をひいている。

解説 選択肢は同じ主語（＝He）で始まりますが，内容はバラバラです。このような場合は会話全体の話題か理由を問われると予想した上で，会話を聞きましょう。1文目の your homework,その後の I'm sorry と It's at home. から状況が判断できるでしょう。It は homework のことです。1の forgot は forget「～を忘れる」の過去形です。

No. 13 解答 1 ◀)) 49

★ : What do you want to eat for dinner, Anna?

☆ : How about pizza?

★ : I had that for lunch. What about spaghetti?

☆ : That sounds good.

Question: What will they eat for dinner?

> ★：夕食は何が食べたい，アンナ？
>
> ☆：ピザはどう？
>
> ★：それは昼に食べたんだ。スパゲッティはどうかな？
>
> ☆：いいわね。
>
> 質問：彼らは夕食に何を食べますか。
>
> **1** スパゲッティ。 　　　　　　**2** ハンバーガー。
>
> **3** サンドイッチ。 　　　　　　**4** ピザ。

解説 eat [have] 〜 for dinner [lunch]で「〜を夕食［昼食］に食べる」という意味です。How about 〜?と What about 〜?はどちらも「〜はどうですか」と提案するときに使う表現です。2つ目の提案 spaghetti「スパゲッティ」で相手も合意しています。spaghetti はつづりも覚えておきましょう。

No. 14 解答 3 ◀)) 50

★ : Mari, I got a letter from my grandmother.

☆ : What does it say, Greg?

★ : She's going to visit us with my aunt.

☆ : That's exciting.

Question: Who wrote the letter?

> ★：マリ，うちのおばあちゃんから手紙が来たんだ。
>
> ☆：何て書いてあったの，グレッグ？
>
> ★：おばさんといっしょにぼくたちのところを訪ねてくるって。
>
> ☆：それは楽しみね。
>
> 質問：だれがその手紙を書きましたか。
>
> **1** マリ。 　　　　　　**2** グレッグ。
>
> **3** グレッグの祖母。 　　　　　　**4** グレッグのおば。

解説 質問は「だれが手紙を書いたか」ですが，会話の中では I got a letter from 〜「〜から手紙を受け取った」という形で表現されています。話している男の子の祖母であり，彼の名前がGregであることは，選択肢を見て確認しながら聞きましょう。英語では「〜と手紙に書いてある」を動詞 say を使って表すことにも注意しましょう。

No. 15 解答 **4** 🔊 51

☆：Can you water the flowers, Sam?

★：Sure.

☆：After that, you can have some cake.

★：Thanks, Mom.

Question: What will Sam do next?

☆：花に水をやってくれる，サム？

★：いいよ。

☆：その後で，ケーキを食べていいわよ。

★：ありがとう，ママ。

質問：サムは次に何をするでしょうか。

1 ケーキを食べる。　　　　　2 宿題をする。

3 シャワーを浴びる。　　　　4 花に水をやる。

解説 質問のnextは「この後すぐ」の意味になります。water the flowers「花に水をやる」ことを頼まれて，男の子は Sure. と引き受けています。続けて，母親が言うAfter that「その後で」が重要です。つまり，「水やり」をした後に「ケーキを食べてよい」となるので，**1**の選択肢を選ばないようにしましょう。

No. 16 解答 **1** 🔊 52

★：Emily, did you go to the park last weekend?

☆：No, I was sick, so I stayed home.

★：Do you feel better today?

☆：Yeah, thanks.

Question: Why didn't the girl go to the park?

★：エミリー，先週末，公園に行った？

☆：ううん，具合が悪かったから家にいたの。

★：今日の気分は（前より）いい？

☆：ええ，ありがとう。

質問：なぜ女の子は公園に行かなかったのですか。

1 彼女は気分がよくなかった。　　2 彼女はミーティングがあった。

3 彼女は忙しかった。　　　　　　4 彼女は疲れていた。

解説 選択肢から，会話全体の話題か理由が問われると予想した上で，会話を聞きます。Why didn't the girl ...? という否定の疑問文なので「女の子が…しなかった理由」を答えます。会話の I was sick が **1** の She didn't feel well. と言いかえられていることに気をつけましょう。

No. 17 解答 3

53

★：Sarah, do you like hiking?

☆：Yeah! I go every month.

★：Really? Do you want to go hiking with me next week?

☆：Of course.

Question: How often does the woman go hiking?

★：サラ，ハイキングは好きかい？

☆：ええ！　毎月行ってるわ。

★：本当？　来週ぼくとハイキングに行かない？

☆：もちろんいいわよ。

質問：女性はどのくらい頻繁にハイキングに出かけますか。

1　毎週。　　　　　　　　　　2　1カ月に2回。

3　毎月。　　　　　　　　　　4　毎年。

解説　まず選択肢を見ると，頻度を表す表現が並んでいます。このような場合，質問は How often で始まるはずです。会話の中にこれに関係のある言葉を探しながら聞きましょう。month の発音も確認しておきましょう。

No. 18 解答 2

🔊 54

☆：What are you going to do for your summer vacation?

★：I'm going to Australia. What are your plans?

☆：I'm going to visit my uncle in France.

★：That's nice.

Question: Where does the girl's uncle live?

☆：夏休みは何をする予定？

★：ぼくはオーストラリアに行くつもりだよ。君の計画は何？

☆：私はフランスにいるおじを訪ねる予定よ。

★：それはいいね。

質問：女の子のおじはどこに住んでいますか。

1　オーストラリアに。　　　　2　フランスに。

3　スペインに。　　　　　　　4　イタリアに。

解説　2人のうちのどちらがどこへ行くのか，混同しないように聞きましょう。質問は「おじの住んでいる場所」についてですが，結局，行き先と同じ場所です。なお，「～へ行く予定だ」は重複を避けて，I'm going to (go to) ～ と（　　　）内を省略することができます。

日目

実力完成模擬テスト

159

No. 19 解答 **2** 🔊 55

☆：Eric, is our math test on Thursday?

★：No, it's on Wednesday.

☆：Do you want to study together on Tuesday, then?

★：Sure.

Question: When is the math test?

> ☆：エリック，数学のテストは木曜日にあるの？
>
> ★：ううん，水曜日だよ。
>
> ☆：それなら，火曜日にいっしょに勉強しない？
>
> ★：いいよ。
>
> **質問**：数学のテストはいつありますか。
>
> **1** 火曜日に。　　**2** 水曜日に。　　**3** 木曜日に。　　**4** 金曜日に。

解説 会話中にいくつも曜日が出てくるので，質問を聞かないと答えを選択できません。質問の the math test が会話中では our math test となっており，our math のつながりが聞き取りにくいので注意しましょう。No, it's on ... の後が答えです。

No. 20 解答 **4** 🔊 56

☆：Where will you go on your vacation?

★：I'm going to England.

☆：Are you going to take the train to the airport?

★：I'm going to drive there.

Question: How will the man get to the airport?

> ☆：休暇にはどこに行きますか。
>
> ★：イングランドに行く予定です。
>
> ☆：空港まで電車で行くつもりですか。
>
> ★：車を運転していくつもりです。
>
> **質問**：男性は空港にどうやって行きますか。
>
> **1** 電車で。　　　　　　　　**2** 飛行機で。
>
> **3** 自転車で。　　　　　　　**4** 車で。

解説 質問は How「どのようにして」get to ～「～に行く」のか，交通手段をたずねています。男性は，空港へは電車で行くのかという女性の問いかけに，Yes / No を言わずに，drive there「車を運転してそこに行く」と答えています。drive「車を運転する」→ by car「車で」，fly「飛ぶ」→ by (air)plane「飛行機で」，take a bus「バスに乗る」→ by bus「バスで」のように，会話文に出てくる言葉が選択肢で言いかえられることは多いので，覚えておきましょう。

No. 21 解答 1　　　🔊 58

I went on a school trip last month. My class visited an art museum. We saw many beautiful pictures. I love painting, so it was very interesting.

Question: What is the girl talking about?

先月私は学校で遠足に行きました。私のクラスは美術館を訪れました。私たちはたくさんの美しい絵を見ました。私は絵を描くことが大好きなので，とてもおもしろかったです。

質問：女の子は何について話していますか。

1 彼女の学校の遠足。　　　**2** 科学博物館。
3 彼女の先生。　　　　　　**4** 美術の授業。

解説 選択肢に His / Her ～ が並んでいるときは，文全体の話題が問われることが多いです。選択肢を見ながら，内容をとらえるようにしましょう。特に，話題は最初の文に述べられることが多いので，集中して聞くようにします。go on a trip で「旅行に行く」の意味になります。school trip は「遠足」「修学旅行」を表します。

No. 22 解答 3　　　🔊 59

Last Saturday, I visited my friend at the hospital. He broke his leg, so he is staying there for two weeks. He was very happy to see me. I hope he gets better soon.

Question: Why did the girl go to the hospital?

この前の土曜日，私は病院に友だちのお見舞いに行きました。彼は脚を骨折したので，2週間入院しています。彼は私に会ってとても喜びました。すぐによくなるといいと思います。

質問：なぜ女の子は病院に行ったのですか。

1 彼女は具合が悪かった。　　　**2** 彼女は脚を骨折した。
3 彼女は友だちを訪ねた。　　　**4** 彼女はそこで働いている。

解説 なぜ病院に行ったのかという質問ですが，聞こえてくる放送文の中には go も went もありません。〈visit＋人＋at ～〉「～にいる（人）を訪ねる」がかわりに使われています。また，放送文の中で he と言われているのは，話し手の友人の男の子のことです。she と he を混同しないように気をつけましょう。

No. 23 解答 4 🔊 60

Every afternoon, I play basketball with my brother. On weekends, I play soccer with my friends in the morning. In the future, I want to be a P.E. teacher.

Question: What does the boy do every day?

毎日午後，ぼくは兄［弟］とバスケットボールをします。週末には，午前中に友だちとサッカーをします。将来，ぼくは体育の先生になりたいと思っています。

質問：男の子は毎日何をしますか。

1 彼はサッカーをする。　　　　　　　**2** 彼はテレビでスポーツを見る。

3 彼は兄［弟］と勉強する。　　　　　**4** 彼はバスケットボールをする。

解説 1回目は選択肢を見ながら，聞こえてきた言葉にマークを付け，質問を聞いた後，2度目の放送でポイントを絞り込むといいでしょう。質問の every day が本文では every afternoon になっています。in the future は「将来」，P.E. は「体育」のことです。

No. 24 解答 2 🔊 61

Jean is a busy girl. Every Monday, she goes to the pool. Every Wednesday, she has a piano lesson. On Thursdays and Fridays, she plays tennis.

Question: When does Jean have piano lessons?

ジーンは忙しい女の子です。毎週月曜日はプールに行きます。毎週水曜日は，ピアノのレッスンがあります。毎週木曜日と金曜日は，テニスをします。

質問：ジーンはいつピアノのレッスンがありますか。

1 毎週月曜日に。　　**2** 毎週水曜日に。　　**3** 毎週木曜日に。　　**4** 毎週金曜日に。

解説 放送文を聞きながら，曜日ごとにメモを取りましょう。細かく書く必要はありません。goes to the pool なら，「Monday → pool」や日本語で「プール」あるいは単に「プ」だけでもいいでしょう。なお，on Mondays のように複数形にすると every Monday とほぼ同じ意味になります。

No. 25 解答 2 🔊 62

Yuko is going to have dinner with her friend Kate tonight. She is going to meet Kate at a bookstore near the train station. They will go to an Italian restaurant together.

Question: Where is Yuko going to meet Kate?

ユウコは今夜友だちのケイトと夕食を食べる予定です。彼女は電車の駅の近くの書店でケイトに会う予定です。彼女たちはいっしょにイタリアンレストランに行くつもりです。

質問：ユウコはどこでケイトに会う予定ですか。

1 ユウコの家で。　　**2** 書店で。　　**3** 電車の駅で。　　**4** ケイトの家で。

解説 選択肢から判断して，場所を表す言葉に集中して放送を聞きましょう。Where is Yuko going to meet Kate? なので「ケイトに会う場所」を答えます。meet は「（～に）会う，（～と）待ち合わせる」の意味を表します。

No. 26 解答 1　🔊 63

Last week, Jimmy went to the beach with his friends. He swam in the sea and saw many fish. He also ate some ice cream. He had a good time.

Question: What did Jimmy do last week?

先週，ジミーは友だちと海辺へ行きました。彼は海で泳ぎ，たくさんの魚を見ました。アイスクリームも食べました。彼は楽しい時間を過ごしました。
質問：ジミーは先週何をしましたか。
1 彼は海辺に行った。　　　**2** 彼は魚を何匹かつかまえた。
3 彼は病院に行った。　　　**4** 彼はアイスクリームを作った。

解説　beach や fish など文の終わりのほうの言葉は聞き取りやすいのですが，英語では主語の後にくる動詞がとても重要です。動詞を学ぶときは意味とつづりだけでなく，必ず過去形とその発音も覚えるようにしましょう。caught は catch の，made は make の過去形です。have a good time で「楽しい時間を過ごす」を表します。

No. 27 解答 2　🔊 64

Rachel visited her grandfather last summer. He lives very far away. Rachel rode the train for 3 hours, rode the bus for 30 minutes, and walked 5 minutes to his house.

Question: How long did Rachel ride the bus?

この前の夏に，レイチェルは祖父を訪ねました。彼はとても遠くに住んでいます。レイチェルは電車に3時間乗り，バスに30分乗り，そして彼の家まで5分歩きました。
質問：レイチェルはバスにどのくらい乗りましたか。
1 5分間。　　**2** 30分間。　　**3** 3時間。　　**4** 3日間。

解説　期間や時間の長さを表すには〈for＋時間〉の形を使います。リスニングでは，for「～の間」，rode（ride「～に乗る」の過去形），hour「1時間」など，同音異義語（four, road, our）を持つ言葉には常に気をつけましょう。

No. 28 解答 1　🔊 65

Claire is a good singer, but she can't play the guitar. Her friend Paul plays the guitar and his brother plays the drums, but they can't sing well. So, they are going to play together as a band at the school festival.

Question: Who is good at singing?

クレアは歌がじょうずですが，ギターは弾けません。彼女の友だちのポールはギターを弾き，彼の兄［弟］はドラムを演奏しますが，彼らはじょうずに歌えません。そこで，彼らはバンドとして学園祭でいっしょに演奏する予定です。
質問：歌うのが得意なのはだれですか。
1 クレア。　　**2** ポール。　　**3** クレアの兄［弟］。　　**4** ポールの兄［弟］。

解説 登場する人物の名前を選択肢で確認しながら聞きましょう。この問題には「歌がうまい」という意味で，is a good singer「すぐれた歌い手」，sing well「じょうずに歌う」，is good at singing「歌うのが得意」の3つの言い方が使われています。どれも4級の重要表現です。

No. 29 解答 4　🔊 66

George loves drawing. He is in the art club. He goes to the park every weekend to draw. He wants to be a famous artist someday.

Question: What does George do every weekend?

ジョージは絵を描くのが大好きです。彼は美術部に入っています。週末はいつも公園に絵を描きに行きます。彼はいつの日か有名な画家になりたいと思っています。
質問：ジョージは毎週末，何をしますか。
1 彼は学校に行く。　　　　　　　　**2** 彼は美術館に行く。
3 彼は有名な画家を訪問する。　　　**4** 彼は公園に行く。

解説 選択肢から行き先が重要であることをつかみ，それに関係のある言葉に集中して聞きましょう。質問の every weekend がキーワードです。to draw は「絵を描くために」，artist は「画家，芸術家」，someday は「いつの日か」を表します。

No. 30 解答 2　🔊 67

Thank you for flying with us today. We will arrive at Green City Airport soon. Please stay in your seats until the plane is at the gate. Please turn off your smartphones.

Question: Where is the woman talking?

本日は当機にご搭乗いただき，ありがとうございます。まもなくグリーン・シティ空港に到着いたします。飛行機がゲートに着くまで座席についたままでいてください。スマートフォンの電源をお切りください。
質問：女性はどこで話していますか。
1 バスの中で。　　　　　　　　　　**2** 飛行機の中で。
3 空港で。　　　　　　　　　　　　**4** 電車の駅で。

解説 アナウンスを聞いて，場面を特定する問題です。airport「空港」，plane「飛行機」という言葉が聞こえることから，飛行機か空港であることが予測できます。2文目の We will arrive at ～ soon.「私たちはまもなく～に到着するでしょう」から，まだ飛行機の中にいることがわかります。最初の文の fly(ing) は「空を飛ぶ」→「飛行機に乗る」の意味になります。

MEMO

MEMO ✐

【注意事項】

①解答にはHBの黒鉛筆（シャープペンシルも可）を使用し，解答を訂正する場合には消しゴムで完全に消してください。

②解答用紙は絶対に汚したり折り曲げたり，所定以外のところへの記入はしないでください。

③マーク例

良い例	悪い例		
●	◑	⊗	◓

 これ以下の濃さのマークは読めません。

解 答 欄

問題番号		1	2	3	4
1	(1)	①	②	③	④
	(2)	①	②	③	④
	(3)	①	②	③	④
	(4)	①	②	③	④
	(5)	①	②	③	④
	(6)	①	②	③	④
	(7)	①	②	③	④
	(8)	①	②	③	④
	(9)	①	②	③	④
	(10)	①	②	③	④
	(11)	①	②	③	④
	(12)	①	②	③	④
	(13)	①	②	③	④
	(14)	①	②	③	④
	(15)	①	②	③	④

解 答 欄

問題番号		1	2	3	4
2	(16)	①	②	③	④
	(17)	①	②	③	④
	(18)	①	②	③	④
	(19)	①	②	③	④
	(20)	①	②	③	④
3	(21)	①	②	③	④
	(22)	①	②	③	④
	(23)	①	②	③	④
	(24)	①	②	③	④
	(25)	①	②	③	④
4	(26)	①	②	③	④
	(27)	①	②	③	④
	(28)	①	②	③	④
	(29)	①	②	③	④
	(30)	①	②	③	④
	(31)	①	②	③	④
	(32)	①	②	③	④
	(33)	①	②	③	④
	(34)	①	②	③	④
	(35)	①	②	③	④

リスニング解答欄

問題番号		1	2	3	4
第1部	No. 1	①	②	③	
	No. 2	①	②	③	
	No. 3	①	②	③	
	No. 4	①	②	③	
	No. 5	①	②	③	
	No. 6	①	②	③	
	No. 7	①	②	③	
	No. 8	①	②	③	
	No. 9	①	②	③	
	No. 10	①	②	③	
第2部	No. 11	①	②	③	④
	No. 12	①	②	③	④
	No. 13	①	②	③	④
	No. 14	①	②	③	④
	No. 15	①	②	③	④
	No. 16	①	②	③	④
	No. 17	①	②	③	④
	No. 18	①	②	③	④
	No. 19	①	②	③	④
	No. 20	①	②	③	④
第3部	No. 21	①	②	③	④
	No. 22	①	②	③	④
	No. 23	①	②	③	④
	No. 24	①	②	③	④
	No. 25	①	②	③	④
	No. 26	①	②	③	④
	No. 27	①	②	③	④
	No. 28	①	②	③	④
	No. 29	①	②	③	④
	No. 30	①	②	③	④

キリトリ線